PRISONS DE FEMMES

NATACHA DUCHÉ – ARIANE GRANSAC

Prisons
de femmes

Préface de Claude Mauriac

DENOËL

Préface
de Claude Mauriac

Natacha Duché est un personnage romanesque qui a traversé diverses époques de la vie contemporaine, dont certaines douloureuses. Ses parents ont disparu en déportation. C'est tout dire. C'est trop dire. Seul le silence est à la mesure de telles épreuves.

Notons encore qu'elle a connu elle-même la prison, en Espagne, après avoir fui la France occupée. Mais cette expérience personnelle a sans doute moins compté qu'on ne pourrait croire lorsqu'elle a choisi, voici déjà huit années, d'être visiteuse de prison.

Étant plus âgé qu'elle, je ne voudrais pas la vieillir. Mais enfin, je ne la connais pas d'aujourd'hui. Ni même d'hier. Elle demeure pour moi la belle jeune femme que j'ai connue autrefois. Et femme d'un ami, ce qui, tout en nous rapprochant, mettait quelque distance entre nous.

Je la savais femme de cœur. Elle ne m'en a pas moins étonné depuis tant d'années que je la vois avec constance et dévouement donner son temps et sa vie aux prisonnières (et, aujourd'hui, aux prisonniers) qu'elle va visiter.

Le temps est immobile, en prison, dit Ariane Gransac dans le premier des textes qui forment ce recueil. Il l'est aussi, d'une manière autre, à l'extérieur où, mise en liberté provisoire puis acquittée, elle a enfin réabordé. Non sans avoir rapporté de son épreuve ce témoignage sur la vie quotidienne à Fleury-Mérogis. On en admirera la rigueur sans phrase et la précision.

Ariane Gransac nous rend sensibles à quel point, dès que l'on pénètre dans une maison d'arrêt, on n'est, soudain, plus personne. En face de vous, les membres de l'administration pénitentiaire, et, d'abord, les surveillantes ont elles-mêmes perdu toute personnalité. Visiteuse, Natacha Duché redevient *l'autre* et elle rétablit ses interlocutrices, devenues ses amies, non seulement dans leur identité mais dans leur singularité. Êtres uniques, irremplaçables, quoi qu'elles aient commis au-dehors qui leur a valu d'être là.

Et qu'importe, désormais, ce qu'elles ont fait. Ariane Gransac a été reconnue innocente. Et nous avions salué avec joie son acquittement. Mais, pour ce qui est de son témoignage, il nous est à la limite indifférent qu'elle ait accompli ce dont elle était accusée et de savoir dans quelle intention, dans son cas des plus honorables, elle avait agi. Du fait de leur enfermement même, toutes les prisonnières, tous les prisonniers, sont en quelque sorte rendus à l'innocence.

C'est pourquoi Natacha Duché va à chacune d'elles avec confiance et sans arrière-pensée, en amie, en sœur. Il y fallait un don, quelques prédispositions, mais aussi, on l'imagine, dans les premiers temps tout au moins, beaucoup de volonté et d'efforts.

Ainsi leur apporte-t-elle dans leur solitude et leur malheur sa présence, au prix de dérangements, de sacrifices et d'ennuis dont elle a la délicatesse de ne point nous parler.

Ariane Gransac exprime son regret de n'avoir pas reçu cette amie-là en prison où on n'a pas le droit de choisir sa visiteuse. « Je dois dire que de nombreuses détenues et même les éducatrices m'avaient parlé de Natacha Duché, quand j'étais détenue, comme d'une personne exceptionnelle. Elle avait son auréole à Fleury! »

Une présence, oui. Il s'agit d'abord d'être là. De ne pas avoir peur de parler. Mais de savoir aussi bien se taire. Ariane Gransac nous raconte l'admirable face à face de cette Gitane prisonnière et de sa mère. Elles n'échangent pas une parole. Elles ne disent rien. Il n'y a rien à dire. Elles se taisent. Elles restent là, le temps de la visite, muettes et si parlantes, criant de cette manière silencieuse leur amour déchiré.

Natacha Duché, je le sais, est plus bavarde. Mais elle ne parle jamais pour ne rien dire. Et elle trouve les mots qu'attendent d'elle ces filles plus malheureuses qu'elle qui, sans elles, ne serait pas heureuse.

Une certaine perméabilité à la souffrance d'autrui s'accuse chez certains êtres avec le temps. Non que nous cessions d'être moins égoïstes, moins frivoles. Il nous est seulement plus difficile d'oublier ceux qui, s'étant placés en marge d'une société qui, le plus souvent, les avait dès leur naissance rejetés, ont été, dans l'indifférence et avec l'accord tacite du plus grand nombre, mis pour plus ou moins longtemps à l'écart. Laissés pour compte dont on ne se soucie plus et qui se trouvent effacés dès qu'ils ont été condamnés. Ariane Gransac nous rappelle que plus les années coulent plus s'espacent les visites, jusqu'au moment où plus personne ne vient voir ces oubliés. D'autres, sans famille, sans amis, n'ont jamais vu personne de l'extérieur et n'ont personne à qui faire appel, si bien qu'il leur faut écrire à personne de tendres lettres désespérées, anéanties aussitôt que rédigées. C'est à ces rejetés, ces oubliés que va Natacha Duché. Elle n'ignore pas que si grand soit le temps qu'elle leur consacre, leur nombre ne pourra être qu'infime. Et qu'aussi bien toutes les visiteuses, tous les visiteurs de prison ne suffisent pas, de très loin, à une demande d'autant plus pressante qu'elle est, le plus souvent, non formulée.

Ce que l'on appelle la Justice n'est, trop souvent, qu'une des manifestations indéfiniment renaissantes de l'injustice partout présente dans le temps et l'espace. Si peu d'imagination que nous ayons, il arrive que la souffrance de tant de milliards d'êtres nous oppresse. Mille Natacha Duché ne font pas le poids sur cette balance déréglée. Savoir qu'elle existe n'est pas une consolation (ce serait trop facile, vraiment, et s'en tirer à trop bon compte) mais une leçon, un exemple, un appel, un rappel. A sa manière différente, Ariane

Gransac est de la même race. Nous aurions aimé qu'elles nous parlent un peu plus d'elles, l'une et l'autre, mais ce n'était pas leur sujet et ce sera, peut-être, pour un autre livre.

CLAUDE MAURIAC

La prison
vue de l'intérieur

Ariane Gransac

I

L'ENTRÉE EN PRISON

Prenez au hasard dans la rue – dans une rue populaire bien entendu – une bonne quantité de personnes. Ajoutez quelques voisins et vous-même, et vous aurez une image exacte de la population pénitentiaire.

Personne d'autre que vous et moi en prison! C'est ce qui m'a frappée dès mon arrivée à la maison d'arrêt de Fleury-Mérogis. Et qui s'est confirmé quand je suis sortie.

Les prisons de femmes sont remplies de femmes(!), les unes exerçant un pouvoir sur les autres. Autant je me suis identifiée immédiatement aux détenues, autant je me suis démarquée des surveillantes.

Et pourtant rien que des êtres humains!

Qu'est-ce qu'on fait là?

Quelles circonstances absurdes nous ont amenées là, elles et nous, enfermées là, ensemble à longueur de journées et de nuits?

Les rôles sont-ils au départ interchangeables? Elles auraient pu être, elles pourraient être à notre place, prisonnières, et nous à la leur, surveillantes? Ce qui est certain en effet, c'est qu'elles pourraient être détenues, mais le contraire est beaucoup moins sûr.

« Si on était à leur place on ferait comme elles! Et on serait pires, peut-être... » m'a dit un jour une manouche arrêtée pour vol, alors que nous avions une discussion sur la prison en

général et sur les surveillantes en particulier. Mais, justement, on n'est pas à leur place. Et en majorité je ne crois pas
que les détenues rêvent secrètement de devenir surveillantes
de prison, alors que l'attrait de la vie « hors la loi » – peut-être
dans ce qu'elle a de mythique – existe chez les surveillantes.
Preuve étant le règlement qui régit autant la vie des détenues
que celle des surveillantes, et leurs rapports [1].

Cette envie, ce rêve d'échapper à l'emprise du pouvoir nous
est commun, et à certains moments nous rapproche, alors que
ce qui nous différencie est l'attitude face au pouvoir (attitude
qui n'est pas forcément consciente) soit le rejet ou la révolte
qui amènent l'affrontement et la marginalité, soit l'acceptation qui amène la soumission avec l'idée d'en exercer des
parcelles, même infimes.

« (...) Imagine-toi les surveillantes en blouse blanche,
raides et automatiques dans leurs gestes et démarche, ouvrant
et fermant des portes à longueur de journée, le tout dans des
couloirs très modernes (pas de barreaux mais d'ingénieuses
compositions dues au " progrès ", avec des vitres incassables
et des métaux blancs, verts ou bruns). Des jardins bien clos et
fleuris, et là, une multitude de filles (majorité jeune)
bariolées, indisciplinées, vivantes, libres dans un sens, bien
qu'également conditionnées par leur milieu, bref, humaines.
Brimades et " mitard " (connais pas encore) n'ont pas raison
de leur vitalité ni de leur révolte spontanée. Tu ne peux pas
savoir à quel point, chaque jour, je suis " satisfaite " (dans un
sens seulement!) d'être de ce côté-ci, du côté des prisonnières.
Et quand je pense aux stades chiliens, aux îles grecques ou
aux prisons franquistes, etc., et pas seulement dans l'actualité
mais au cours des siècles, je suis sûre, et c'est une certitude de
chaque instant ici! d'être où je dois être, *d'être à la* seule place
possible dans ce monde absurde (...) [2]. »

1. De plus, à présent il y a un contrôle supplémentaire : un portique
pour détecter les objets métalliques, par lequel doit passer le personnel de
la prison de Fleury... La confiance règne!
2. Lettre écrite à une amie, datée du « 14 juin 1974, 24e jour de
captivité ». Évidemment censurée pour la partie ci-reproduite qui fut
rayée. La raison donnée : on ne doit rien écrire sur la prison.

« Si tu n'es pas sage j'appelle les gendarmes et ils t'emmèneront en prison! » Cette menace, tous les enfants l'ont entendue à un moment ou à un autre, mais avec un sens différent selon leur milieu d'origine. Pour les enfants de petits-bourgeois (y compris le milieu ouvrier moyen), c'est une menace d'être exclu, déclassé s'ils n'acceptent pas « d'entrer dans le moule, de se plier à la règle ». « Si tu n'es pas sage tu seras rejeté, rabaissé, tu seras montré du doigt et déconsidéré ». Pour les enfants du sous-prolétariat, de ce groupe « reconnaissable » mais non définissable, la menace de la prison est continuellement l'affirmation de son exclusion, de son rejet, c'est le « tu finiras en prison » irrémédiable.

Effectivement, ce sont les personnes que l'on rencontre en majorité dans les prisons et qui à seize ans sont déjà « récidivistes ». Leur va-et-vient « dedans-dehors » commence très tôt et se ralentit à mesure que le séjour « dedans » s'allonge et le séjour « dehors » se rétrécit.

« Qu'est-ce que vous voulez qu'on en fasse! » répètent les instances responsables. Évidemment ils ne réussissent ni à devenir de « bons ouvriers zélés » ni de grands criminels. Ce sont des personnes qui passent une grande partie de leur vie en prison pour de petits larcins. Mais ce sont eux qui servent d'excuse à toutes les opérations de police[1].

Toutes les personnes emprisonnées sont représentées comme un danger pour les autres et pour la société. Il faut bien une raison à la hauteur de la punition.

Mais ce qui prime, pour maintenir notre société telle quelle, c'est bien la menace de la punition; pour qu'elle soit bien « comprise » il faut qu'elle soit appliquée, et sur une

1. Surtout sur le thème : recrudescence de la délinquance – Augmentation des vols et agressions. Effectivement, avec la popularisation des assurances, les déclarations de vol ont augmenté, mais cela ne signifie pas grand-chose, surtout quand on voit qu'au contraire le taux d'élucidation a baissé (de 35 % en 1950 il est à 18 % en 1978). « Quoi qu'il en soit, on constate un assez net décalage entre les préoccupations charriées par le " discours public " et la production effective de la justice pénale... et un autre entre ces accents et certains des renseignements démo-économiques. » (P. Robert, C. Faugeron, *Les Forces cachées de la Justice*, éd. Le Centurion.)

catégorie sociale bien déterminée. Une fois trouvée la punition comme chantage il faut trouver qui punir, afin que tout le monde soit témoin de ce qu'il en coûte de transgresser la loi. D'où l'utilité de « fabriquer » des « délinquants ». Et les « bouillons de culture » sont soigneusement entretenus... [1].

De plus, l'image que l'on nous donne, l'idée reçue que l'on a des gens qui sont emprisonnés, correspond « curieusement » à la manière caricaturale dont on décrit le « peuple » dans notre « noble » littérature... En particulier pour les femmes [2].

Il est bien entendu que celles qui sont en prison sont « pires » que les autres! Elles n'acceptent pas la loi, ou pour le moins elles l'ignorent... Et dans tous les sens du terme : « Nul n'est censé ignorer la loi. » Qu'on se le dise et qu'on se le répète.

L'idée reçue du criminel cadre exactement avec l'idée reçue de la prison. Dès que vous êtes arrêté, tout est organisé pour vous mettre en condition et vous faire accepter votre rôle. Dans la majorité des cas on l'accepte et du même coup on accepte celui des autres, policiers et juges, leur pouvoir s'en trouvant justifié.

Le tout est très adroitement fait et renforcé dans chaque geste, chaque détail tout au long de la « garde à vue » : l'attitude des policiers lors de l'arrestation, les interrogatoires de police auxquels vous êtes brutalement soumis, les attentes, entre deux gendarmes, dans les couloirs et les bureaux, l'ignorance où vous êtes de ce qui se passe, de la signification des conciliabules des policiers, des papiers que l'on vous fait signer, des questions que l'on vous pose et la manière dont on vous décortique. Le « traitement » est le même quel que soit le

---

1. « Les condamnés sont, en valeur absolue, massivement des ouvriers. C'est, semble-t-il, une des fractions les plus menacées économiquement de la classe ouvrière (ouvriers non qualifiés, manœuvres) qui fournit la majeure partie de la population pénale. Il faut en outre attirer l'attention sur ce pourcentage important de condamnés que l'on peut taxer de « marginaux » en ce qu'ils n'ont aucune insertion socio-professionnelle stable (sous-prolétariat). Évidemment l'accroissement du chômage renforce encore ce trait. » (cf. Op. cit. Les Forces cachées de la Justice.)

2. Lire Carco et Cie...

délit que vous avez commis ou soupçonné d'avoir commis, du crime au vol d'un produit quelconque dans un supermarché (en général j'ai pu constater que plus le délit est mineur plus vous êtes méprisé et donc maltraité, vous servez de « défoulement » moral et quelquefois physique aux policiers).

A longueur de jour ce harcèlement continu est épuisant. Le soir, à la fin des interrogatoires – qui peuvent durer très tard – on vous descend au « dépôt » dans les sous-sols de la préfecture de police où, après la « fouille », on vous dépouille de toute chose personnelle avant d'être enfermé dans une cellule, toujours éclairée, où vous attendez du lendemain la même chose que la veille : interrogatoires.

N'importe qui sort d'un tel traitement avec une tête d'accusé sinon de coupable.

Pourtant, personnellement en arrivant au « dépôt » j'ai eu la surprise d'un accueil sinon chaleureux du moins respectueux : le personnel – les religieuses exceptées – m'a serré la main en me disant : « Vous savez, nous non plus on n'aime pas Franco ! Mais méfiez-vous, tout le monde ici ne pense pas comme nous ! [1] »

Alors dès que la garde à vue est achevée et le mandat de dépôt signé, c'est terminé. Vous devenez un paquet à expédier.

Les prisonnières ne voient pas, évidemment, la prison de l'extérieur. Nous arrivons à Fleury-Mérogis en fourgon cellulaire sans fenêtre, après y être monté dans la cour du dépôt nous en descendons à l'intérieur de la prison, en passant par un couloir-sas, avant de nous engouffrer par la seule porte ouverte : celle qui mène aux cellules des arrivantes !

A partir de là nous sommes « prises en main » par des femmes.

Mon impression d' « arrivante » était contradictoire en

_____

1. Mais cela n'a pas empêché que je sois fouillée, dessaisie de mes affaires et enfermée dans une cellule... En fait, j'ai pu garder mon peigne !

passant la porte. D'une part, j'étais soulagée : j'en avais fini avec le dépôt, les interrogatoires de police, et j'allais pouvoir me reposer. Il faut dire que l'on sort anéantie, complètement « vidée » du face à face avec la police au cours duquel on est constamment sur le qui-vive, car on se sent devenir une victime et qu'on *doit* l'être parce qu'*on est là.* Donc je n'avais qu'une hâte, c'était de me retrouver dans une cellule, tranquille enfin d'en avoir fini avec le premier assaut.

Mais d'autre part dès l'instant où j'entrai dans la prison, je sentis que la « prise en main » serait totale : je n'aurais plus aucun droit direct sur ma vie, et tout ce que je pourrais faire devrait obligatoirement passer par des intermédiaires. Ce sentiment d'impuissance est renforcé par chaque geste en prison : aucune initiative ne vous est laissée. On est piégé.

Et toutes ces femmes sont omniprésentes, elles s'occupent de vous, vous suivent partout, ont toujours l'œil sur vous, pour vous coucher, pour vous lever, pour vous doucher, pour manger, pour sortir dans les couloirs, dans la cour, pour vous fouiller quand bon leur semble. Elles décident de tout sans jamais vous en donner la raison, elles ouvrent votre porte et vous disent « venez » sans vous dire où elles vous emmènent.

On se sent vraiment entre leurs mains, complètement à leur merci. Mais entre les mains de qui? A la merci de qui?

Il est évident dès le premier instant que les surveillantes sont des intermédiaires. Qu'elles sont là, comme nous toutes, pour obéir. Je suis prisonnière d'un règlement dont l'application et le respect sont minutieusement surveillés par elles, dont il n'émane pas.

Tant qu'on est entre les mains de la police on croit, on peut croire encore, qu'on a la possibilité de décider pour soi, qu'on est encore considéré comme une personne distincte, bien que tout soit mis en œuvre pour vous faire lâcher prise, bien que l'agression soit constante, tant des lieux que des personnes, pour vous faire dire ce que l'on veut que vous disiez, pour vous faire entrer dans le personnage que l'on veut que vous soyez. Malgré tout on se sent encore « soi-même » en face de

« l'autre »; parce que, pendant ce face à face – que vous savez d'une durée limitée : 24, 48 heures en général, 72 heures maximum –, c'est contre votre identité qu'on en a, contre vous personnellement, et on a l'impression que si l'on déjoue, si l'on évite les pièges, on peut ne pas rester entre leurs mains. Donc c'est un combat intense et court. On n'a pas la certitude d'être complètement pris au piège, alors qu'une fois le mandat de dépôt notifié, l'illusion prend fin en même temps que l'intérêt des policiers pour qui vous n'êtes plus qu'une affaire conclue.

Quand vous entrez dans le fourgon cellulaire qui vous transporte à la prison vous n'êtes déjà plus une personne. Et dès la porte de la prison refermée, le processus de dépersonnalisation est enclenché : on vous donne un numéro et pas à pas on vous dicte chaque geste :

« Déshabillez-vous, lavez-vous, venez ici, levez la jambe... » Vous êtes fouillée, scrutée, dépossédée, et pour un temps dont vous ne savez pas la limite. Vous n'êtes plus « vous-même » mais la personne en face de vous n'est plus « l'autre » non plus. La surveillante est anonyme. Vous êtes une action réprimée en face d'une fonction. Elles en sont tellement imprégnées qu'elles sont la fonction elle-même.

La communication est impossible, à toute question, à tout regard elles ont le « règlement » pour réponse.

II

LA LOI DU DEDANS :
LE RÈGLEMENT

« En prison le gouvernement peut disposer de la liberté de
la personne et du temps du détenu; dès lors, on conçoit la
puissance de l'éducation qui, non seulement dans un jour,
mais dans la succession des jours et même des années peut
régler pour l'homme le temps de veille et de sommeil, de
l'activité et du repos, le nombre et la durée des repas, la
qualité et la ration des aliments, la nature et le produit du
travail, le temps de la prière, l'usage de la parole et pour ainsi
dire jusqu'à celui de la pensée, cette éducation qui, dans les
simples et courts trajets du réfectoire à l'atelier, de l'atelier à
la cellule, règle les mouvements du corps et jusque dans les
moments de repos détermine l'emploi du temps, cette
éducation, en un mot qui se met en possession de l'homme
tout entier, de toutes les facultés physiques et morales qui sont
en lui et du temps où il est lui-même [1]. »

Le RÈGLEMENT! Tant cité et si peu lu! Il est remis à
chaque détenue dès son arrivée en prison, mais la majorité ne
prend pas la peine de le lire. De toute façon on connaît très
vite tous les interdits par l'application et la référence
quotidienne, mais ce n'est que par sa lecture que l'on peut

1. C. Lucas, *De la réforme des prisons,* 1838, II, p. 123-124, cité par
M. Foucault, *Surveiller et Punir,* éd. Gallimard.

connaître ses droits et les exiger... sinon les prendre! Mais l'attitude générale est la même qu'à l'extérieur, nous ignorons nos droits pourtant pas innombrables, et nous nous laissons dicter nos devoirs...

A la suite de « l'été chaud » de 1974, les révoltes dans les prisons avaient amené des réformes, ou plutôt des tentatives de réformes qui se sont surtout traduites par une modification formelle des textes. Le changement de présentation du règlement en est l'exemple évident, le texte de base restant le même, à un détail près.

A mon arrivée à la prison en mai 1974, donc avant les « réformes », le règlement était présenté de la façon suivante :

MAISON D'ARRÊT DE FLEURY-MÉROGIS
(femmes)

RÈGLEMENT INTÉRIEUR établi en application des articles D. 255 et D. 256 du Code de procédure pénale.

A – EMPLOI DU TEMPS

Art. 1 : Le réveil a lieu à 7 heures, du lundi au samedi, à 7 h 30, les dimanches et jours fériés. Les 3 repas pris en cellule sont distribués vers 8 heures, 11 h 45 et 17 h 45. Le coucher a lieu à 19 heures et l'extinction des feux à 22 heures. Dès le réveil les détenues doivent se lever, procéder à leur toilette, nettoyer leur cellule, s'habiller et faire leur lit.

Art. 2 : ..... et ainsi de suite jusqu'à l'article 50 [1].

La nouvelle présentation s'adresse à la détenue « personnellement », et le ton est donné dans les quelques lignes d'introduction :

---

1. Le texte intégral du règlement a été publié dans le livre *Prisonnières* de C. Leguay/C. Erhel chez Stock 2, 1977.

CENTRE PÉNITENTIAIRE
DE FLEURY-MÉROGIS
MAISON D'ARRÊT FEMMES

Madame,

Vous venez d'être admise à la Maison d'Arrêt des femmes du Centre pénitentiaire de Fleury-Mérogis. Lisez et conservez ces quelques feuillets : ils contiennent des renseignements que vous devez connaître (...).

Il n'est plus question des « détenues doivent se lever... » ni des « détenues doivent obéissance aux fonctionnaires ou agents ayant autorité dans la prison en tout ce qu'ils leur prescrivent pour l'exécution des règlements (*art. D. 243* du Code de procédure pénale) ». Mais les différents paragraphes commencent presque tous par :

« Vous avez la possibilité... »
« Dès ce soir vous pouvez écrire à votre famille... »
« Vous pouvez demander à consulter... »
« Si vous désirez être assistée... »
« PENDANT VOTRE SÉJOUR DANS L'ÉTABLISSEMENT (*sic*), et surtout à l'approche de votre libération, l'assistante sociale vous aidera... »
« Si vous le souhaitez, une visiteuse de prison (personne bénévole qui n'appartient pas à l'administration) peut aussi s'entretenir régulièrement avec vous et vous aider. Faites part de votre souhait à votre éducatrice ou à la sous-directrice. »
Dans le règlement antérieur, le paragraphe était : « *Art. 9 :* Les détenues peuvent s'entretenir avec une visiteuse de prison si elles en font la demande à l'assistante sociale. Elles peuvent correspondre avec cette personne sous pli ouvert (*art. D. 477* du Code de procédure pénale). »
« Si vous êtes condamnée et si vous le souhaitez, vous pouvez... »

Bref, à la lecture de cette brochure, nous avons des tas de possibilités, et jusqu'à nos « souhaits » peuvent être pris en compte... enfin nous sommes « presque libres » ?

Pourtant la réalité quotidienne remet vite chaque chose à sa place...

EMPLOI DU TEMPS
- Réveil : 7 heures.
  Toilette. Habillage.
  Remise en ordre de votre lit.
  Nettoyage de votre cellule.
- Petit déjeuner : vers 7 h 45. (Présentez-vous correctement vêtue et coiffée.).

Si l'on n'est pas habillée, on est privée de petit déjeuner. Et si cela arrive trop souvent, c'est le « rapport » et la comparution au prétoire (tribunal interne de la prison présidé par la directrice, la sous-directrice, la surveillante-chef).

- Le petit déjeuner consiste en un bol de café ou de lait, ou café au lait et du pain pour la journée.

« Les samedis, dimanches et jours fériés sont particulièrement consacrés aux travaux personnels et aux loisirs (cinéma, activités dirigées, lecture, correspondance, etc.). Ces jours-là, vous serez réveillée à 7 h 30 et le petit déjeuner *vous sera servi* vers 8 h 15. » (C'est un hôtel de combien d'étoiles à votre avis ?)

« Sauf prescription médicale vous n'avez aucune raison d'être couchée entre 7 heures et 19 heures », ce qui était traduit dans le règlement antérieur par : « Sauf autorisation médicale il est interdit de se coucher entre 7 heures et 19 heures. Une prescription médicale ne dispense pas de se lever le matin à l'appel, de s'habiller, de faire sa toilette et de nettoyer sa cellule. »

En revanche, le paragraphe DISCIPLINE (*art. 11 à 20* du règlement intérieur) est là, réduit à trois petits paragraphes :

« N'oubliez pas que tous les mouvements en détention doivent avoir lieu en bon ordre, et dans le calme, et qu'il vous est demandé de ne fumer qu'en cellule ou sur les cours de promenade.

« Pensez aussi que la Maison d'Arrêt est une collectivité et qu'en conséquence toute démonstration tapageuse, interpellations, cris, chants, réunions bruyantes et tous bruits intempestifs propres à troubler la tranquillité de chacun ne sont pas permis et peuvent être sanctionnés.

« Notez enfin que toute entrée ou sortie irrégulière d'argent, de correspondance ou d'objet quelconque vous exposera à des sanctions disciplinaires ou pénales. »

Le « ton » de l'énoncé des articles était tout à fait différent :

Art. 18 : Il est formellement interdit de fumer pendant les rassemblements, les défilés, dans les salles d'attente, dans les parloirs.

Art. 19 : Les punitions prononcées au prétoire par le directeur, assisté de la sous-directrice et de la surveillante-chef peuvent être : la réprimande, la prolongation des délais prévus pour l'octroi de récompenses ou d'avantages, le retrait de tout ou partie de récompenses ou d'avantages antérieurement accordés, le déclassement d'emploi, la privation pendant une période déterminée de l'usage du tabac ou d'effectuer en cantine tout autre achat que les produits ou objets de toilette, enfin la mise en cellule de punition exécutée au quartier disciplinaire. (*Art. D. 250* du Code de procédure pénale.)

Art. 20 : Les détenues doivent être fouillées fréquemment et aussi souvent que le chef d'établissement l'estime nécessaire. (*Art. D. 275* du Code de procédure pénale.)

Dans la nouvelle présentation, à la rubrique HYGIÈNE – SANTÉ – PROPRETÉ DES LOCAUX (*art. 21 à 26* du règlement intérieur), il est écrit :

« Les murs sont là pour protéger votre intimité *(sic)*. Ne

les transformez pas en panneaux publicitaires, porte-photo-
graphie ou planche à dessin. Vous pouvez cependant avec du
papier scotch exclusivement, afficher les photos que vous
aimez, les images ou emblèmes religieux, sur les portes de
votre placard et de la cellule comme sur le paravent du
coin-toilette. » (Dans le règlement intérieur, à l'article 24, il
est spécifié : « Le mobilier doit rester en place et être maintenu
en bon état. Il est interdit de commettre des déprédations et
d'apporter des modifications aux installations. Chaque détenue est responsable disciplinairement et pécuniairement des
détériorations qu'elle commettra. »)

La conclusion des « quelques feuillets » dudit règlement est
encore plus significative de son état d'esprit :

« Ne soyez pas découragée. Vous n'êtes pas abandonnée et
tous les personnels de cet établissement vont vous aider à
garder confiance. »

Les articles 19 et 20 cités plus haut sont pourtant bel et bien
appliqués...

Mais quoi qu'il puisse paraître, il n'y a pas contradiction.
Le nouvel énoncé du règlement est une explication-justifi-
cation. On vous explique que l'on ne vous veut pas de mal,
que l'on n'est pas votre ennemi, mais qu'au contraire on
est là pour vous « aider » à devenir une femme copie
conforme. Qu'on va refaire votre éducation POUR VOTRE
BIEN.

Nous sommes tellement habituées à être guidées que nous
ne nous demandons même plus pourquoi. Et en prison
l'infantilisation des femmes est accentuée, entretenue, jusque
dans le vocabulaire.

On vous dit « faites ci, faites ça, mettez-vous là, taisez-
vous » et vous le faites. Nos refus deviennent des « désobéis-
sances » d'enfants : en cachette; presque pas de revendications, d'exigences, et encore moins de révoltes et d'éva-
sions.

En prison on accepte l'autorité du personnel de la même

façon que les enfants acceptent l'autorité des adultes : comme allant de soi.

Comme les enfants, nous ne disposons pas de notre propre corps : n'importe quelle surveillante-adulte peut nous déshabiller, nous fouiller, nous scruter, nous faire baisser notre culotte.

Nous ne pouvons nous habiller qu'avec les vêtements autorisés.

On nous apporte notre repas, et quand nous n'avons pas faim on nous dit qu'il faut manger.

Nous dormons quand on nous dit que c'est l'heure de dormir et que l'on nous éteint la lumière.

On veille sur notre sommeil, on nous regarde dormir...

Nous n'avons à décider de rien, ni à poser de question.

Nous ne disposons pas non plus de choses vraiment personnelles, je veux dire privées. Les surveillantes peuvent fouiller toutes vos affaires quand elles veulent, elles peuvent vous les confisquer. Tout ce que vous pouvez toucher est « regardé », « épluché ». Tout ce que vous écrivez est censuré. Même vos conversations avec les autres peuvent être rapportées.

De plus, quand vous êtes seule dans votre cellule c'est une fausse solitude : vous savez qu'à tout moment vous pouvez être « regardée » par l'œilleton, surveillée. Mais si vous avez envie de vous cacher quelque part pour être un moment tranquille cela n'est pas possible : il n'y a pas un recoin où vous blottir, pas d'endroit « hors de vue ».

Il ne reste qu'un domaine, celui du rêve, à condition qu'il ne soit jamais extériorisé. Et encore, si l'on n'est pas « vigilant », je me demande si à la longue, il ne reste plus dans notre tête que quelques « images furtives » tant la surveillance et les rappels à l'ordre sont constants...

Mais si on est sage, on peut aller jouer avec les autres aux « récréations », on peut même avoir des récompenses, des petits avantages, être « bien vue », et si on n'est pas sage on peut nous enfermer toute seule dans un cagibi (mitard), et même nous priver de dessert...

Comme les enfants, on n'est responsable de rien, on

n'assume rien. Tout est prévu et organisé pour nous, on ne nous demande pas notre avis pour les choses essentielles. Considérées comme des enfants, nous agissons comme eux.

Mais le personnel représente-t-il l'adulte?

Pas exactement, parce que les surveillantes, elles aussi sont prises dans ce jeu de rapports. Elles sont à un niveau intermédiaire, elles ont le rôle de la grande sœur qui, en l'absence de la mère, hérite de son pouvoir et lui rapporte tout ce qui se passe, mais lui doit aussi obéissance et soumission. Cette grande sœur surveillante est elle-même surveillée par la surveillante-chef qui veille sur son zèle à rapporter et, surtout, à ce qu'il n'y ait pas de rapprochement, de complicité entre ces enfants grands et petits. Ils ne doivent pas jouer ensemble sinon il n'y a plus de surveillance et de « cafardage » possible.

Les surveillantes non plus n'ont pas d'initiative, elles ont un règlement à appliquer, et mieux elles l'appliquent, mieux elles sont notées par la surveillante-chef qui fait son rapport à la sous-directrice, laquelle enfin donnera son appréciation à la mère.

La mère c'est la directrice, convaincue, imbue, de son rôle de mère.

Les détenues sont SES FILLES, et elle agit envers elles, sûre de son bon droit, POUR LEUR BIEN. Elle est là pour leur apprendre à vivre « comme il faut », pour leur faire comprendre (ou pour le moins essayer) qu'elles ont « mal agi » et qu'elles ne sont pas encore capables d'assumer seules leur vie [1].

---

1. J'avais eu un jour une conversation avec la directrice, qui n'était à l'époque que sous-directrice, au sujet d'une punition : après une séance de volley-ball nous regagnions notre division lorsque nous vîmes une détenue avec un chariot rempli de ses affaires. Pensant qu'elle était libérée, on se mit à pousser des cris de joie en lui souhaitant bonne chance. Immédiatement une surveillante-chef surgit et nous dit : « Vous serez privées de volley-ball pendant quinze jours! » Lorsque je vis la directrice je lui racontais « l'incident » en lui faisant remarquer l'absurdité de la chose, l'exagération de la punition, et elle me répondit que c'était elle qui avait donné cette punition car elle avait entendu nos cris et qu'il était interdit de

Quand je suis arrivée en prison, l'ambiance « monacale » m'a rappelé le pensionnat religieux où j'ai passé six années de mon enfance. Peut-être ce souvenir a-t-il été provoqué par le fait que « l'arrivante », après la fouille et la douche, est reçue dans le bureau de l'assistante sociale du « rond-point » par une sœur de la communauté qui est « employée » à la prison. Cette impression s'est précisée, bien que la surveillance soit assurée par des laïques et non pas par les religieuses. En effet, nos rapports à nous, les « filles » avec « nos » surveillantes, et la « mère-directrice »... tout cela rappelle fort le couvent! (les sœurs, les mères et la révérende-mère...)

Avant l'ouverture (façon de parler pour une prison!) du centre de Fleury-Mérogis, la maison d'arrêt des femmes de la région parisienne était la fameuse Roquette. Et là la communauté religieuse assurait la surveillance; j'ai d'ailleurs connu des détenues qui avaient vu, et subi, les sœurs dans leur rôle de surveillantes. Il semble que dans certaines prisons de province le quartier des femmes soit encore « tenu » par les religieuses. En déménageant à Fleury, l'administration a limité leur emploi à certains secteurs : la lingerie, la bibliothèque, l'infirmerie, et quelques cours (langues étrangères, dactylographie, etc.), ce dont elles se plaignent à l'occasion, de même que de la perte de leur « couvent », car à Fleury elles sont toujours logées provisoirement dans le quartier qui a été construit pour les nourrices.

J'ai demandé aux détenues qui avaient connu les sœurs à la Roquette si elles étaient différentes et toutes m'ont dit que depuis qu'elles n'étaient plus surveillantes elles se montraient plus gentilles envers les détenues.

crier. Je lui fis remarquer que c'était une réaction spontanée de joie et que l'on ne pouvait pas museler ainsi les gens. Elle m'expliqua alors qu'elle le faisait pour le bien des femmes, qu'il fallait leur apprendre à se tenir. Qu'elle avait la même attitude avec ses propres enfants, qu'elle les punissait quand ils traversaient intempestivement la rue. Qu'ici les femmes étaient immatures, infantiles, et qu'il fallait leur apprendre à se comporter, pour LEUR BIEN. Je lui demandais alors si elle pensait réellement que le meilleur moyen de « faire comprendre » était de brandir la punition ou de donner la récompense! Elle leva néanmoins la punition, sans doute pour garder son « image de marque » de femme consciente et évoluée...

Ce qui ressort c'est que tout en éloignant peu à peu la communauté religieuse de tout poste de pouvoir dans la prison, l'administration préserve son influence *morale* dans les règles de la vie carcérale qui reste imprégnée des idées chrétiennes [1].

Cela se traduit par une contradiction dont les détenues supportent évidemment les conséquences... En effet, si les lieux ainsi que le règlement intérieur (la règle) sont semblables à s'y méprendre au couvent, ce ne sont pas des religieuses qui les administrent et qui les appliquent, ce sont des fonctionnaires laïques. Ce qui veut dire que ce ne sont pas des femmes bénévoles, étant là par vocation religieuse, croyant au « aimez-vous les uns les autres », ce qui à la rigueur pourrait équilibrer un peu leur pouvoir [2].

Ces surveillantes sont là comme tous les fonctionnaires pour effectuer un « travail », elles sont soumises elles aussi à la règle, mais leurs heures de travail terminées elles vivent leur vie ordinaire à l'extérieur... elles ne rentrent pas, comme les religieuses, dans leur couvent pour vivre la même vie que les détenues : cellules, silence, expiation des péchés, etc.

Bien sûr, il y a aussi des religieuses sadiques, mais disons que dans l'ensemble le règlement appliqué par des fonctionnaires perd la dimension humaine que la religion veut donner à ses décalogues. « Dans la justice séculière, on a en vue principalement de conserver et de réparer le bon ordre et d'imprimer la terreur aux méchants. Mais, dans la justice ecclésiastique, on a égard, sur toutes choses, au salut des âmes. Dans la justice séculière, c'est la sévérité et la rigueur qui président ordinairement; mais c'est l'esprit de charité, de compassion et de miséricorde qui doit l'emporter dans la

---

1. Tout comme la Justice. L'on peut sentir à la fois le poids de la *morale* religieuse et du pouvoir de « justice » des princes et des républiques (bien que la Révolution de 1789 ait commencé par la destruction d'une prison...)

2. Même quand ce n'est pas un sentiment profond, c'est tout de même un moyen d'interpellation : « Vous êtes religieuse et vous agissez de cette manière! » par exemple.

justice ecclésiastique [1]. » Mais il ne faut pas oublier que cette religion a produit l'inquisition, et que même si on a abandonné beaucoup de choses depuis..., la réalité quotidienne dans les prisons actuelles n'en est pas si loin de son esprit. Quant à la pratique, les structures étant là, il ne manque que quelques dispositions supplémentaires pour basculer. Combien de fois peut-on penser en voyant l'attitude de certaines surveillantes : il ne manque que quelques ordres de plus pour qu'elles ferment tranquillement la porte d'un four crématoire...

Un jour en allant à un cours, dans la cour centrale, voyant par la fenêtre une épaisse fumée provenant sans doute d'un feu de détritus, je dis : « Tiens! On a trouvé la solution pour les " détenues irrécupérables " (au moment des " réformes " on parlait beaucoup des " récupérables " et des " non-récupérables ") : on les brûle! » Alors la sœur qui m'accompagnait me dit brusquement : « Taisez-vous! Taisez-vous! Si on vous entend quelqu'un pourrait vous croire! Il ne faut pas plaisanter ici avec ça! » Elle ne plaisantait pas et je me suis demandé si finalement j'avais fait une plaisanterie...

1. Extrait de *Réflexions sur les prisons des ordres religieux* de Mabillon parues vers 1690. Cité par Jacques Léauté : *Les Prisons*, P.U.F. 1968.

III

LA JOURNÉE DANS LES JOURS

« Quoi d'étonnant si la prison ressemble aux usines, aux écoles, aux casernes, aux hôpitaux, qui tous ressemblent aux prisons ? »

M. FOUCAULT, *Surveiller et Punir.*

Une journée en prison est une succession d'heures, vingt-quatre, pendant lesquelles il ne se passe rien et qui sera suivie par une autre journée, une autre succession d'heures, pendant lesquelles il ne se passera rien. Par rien, je veux dire que l'emploi de toutes ces heures est établi d'avance par d'autres que vous-même, ou plus exactement par quelque chose d'autre qui s'appelle l'ordre.

On est là, comme des objets sur une chaîne d'usine passant de main en main. Comme l'avait dit un surveillant de Fresnes lors d'une interview : « Les prisonniers, c'est du matériel humain »!

Comment se passe une journée? En prison une journée ne passe pas. Une journée, un mois, une vie; le temps découpé en tranches.

On ne peut pas séparer une journée des autres journées, une heure des autres heures... Le temps est immobile.

Une surveillante dit, ou crie, par l'interphone que c'est l'heure de se lever : il est 7 heures. L'hiver elle vient allumer la lumière. On doit se préparer et faire son lit avant la distribution du petit déjeuner. Si on traîne un peu, il faut vite s'habiller dès que l'on entend l'ouverture des portes des premières cellules, sinon on n'a pas de café. Avec un peu de chance la surveillante est pressée de respecter son horaire, et ne vérifie pas si le lit est fait. Les jours de douche, deux fois par semaine à Fleury-Mérogis, on se lève plus tôt car il faut que toute la division soit prête avant le petit déjeuner.

Ensuite vous attendez que l'on vienne vous chercher pour la « promenade ».

Les promenades ont lieu par division [1]. Elles commencent après le petit déjeuner et durent environ une demi-heure chaque matin.

C'est la première occasion de « parler »...

Ensuite, l'emploi du temps varie selon que vous travaillez ou non en atelier. En maison d'arrêt, le travail n'est pas obligatoire contrairement à la centrale. Évidemment, si vous n'avez pas d'argent, et personne à l'extérieur pour vous en envoyer (assister) vous demandez à travailler. Mais il faut y être autorisée, il faut qu'il y ait de la place (le chômage sévit aussi en prison!)... c'est un moyen de pression, car si vous obtenez une place on peut vous « déclasser », c'est-à-dire vous « renvoyer en cellule ».

Donc, si vous travaillez vous passez toute la journée « en atelier ». Parfois vous pouvez avoir du travail en cellule, s'il y en a. Sinon vous pouvez suivre des cours. Ce qui vous permet de sortir de votre cellule. Les heures de cours sont aussi planifiées en fonction des divisions. Pour pouvoir assister à

---

1. La division est une « section » d'un « groupe ». A l'arrivée en maison d'arrêt, après que l'on a passé la première nuit dans le quartier des arrivantes, en cellule à trois, on nous classe dans les divisions selon le délit et surtout si l'on est « primaire », c'est-à-dire si l'on n'a jamais été condamnée auparavant, ou « récidiviste ».

Les divisions sont réparties dans les différentes ailes de la prison. En général dans le même couloir, avec des cellules de part et d'autre. Chaque couloir a sa salle de douche et quelques cellules à trois. Les autres cellules sont individuelles, bien que maintenant, en raison de la surpopulation de la maison d'arrêt de Fleury, on ait installé des lits supplémentaires (il y a actuellement 381 détenues pour 247 places). Toute la vie carcérale est organisée par division, qui en principe ne doivent pas se mélanger, ni même se rencontrer...

des cours, il faut demander l'autorisation à la directrice, cela aussi est un moyen de pression, car cette autorisation n'est pas automatique, ni définitive...

Avec un peu de chance vous arrivez à sortir de votre cellule quelques heures par semaine. Vous retournez entre vos quatre murs cellulaires pour le repas de midi, et vous attendez la promenade de l'après-midi, qui dure environ une heure.

Pour ma part j'avais trois cours par semaine, et à part la promenade quotidienne, je restais en cellule. En maison d'arrêt, on reste presque tout le temps enfermée entre quatre murs à longueur de mois et même d'années [1].

Il y a aussi ce que l'on appelle LES ACTIVITÉS, avec les éducatrices. Une fois tous les quinze jours environ, vous vous rendez toujours par division, dans la tour centrale où se trouvent des salles meublées de tables, qui servent aussi de salles de cours, et vous participez à ces fameuses activités qui consistent à faire des fleurs en papier crépon, à peindre quelquefois, ou à tricoter environ deux heures. La seconde activité du mois, c'est la télévision. Une émission de l'après-midi : « Aujourd'hui Madame », par exemple, devant laquelle beaucoup tricotent. Les activités ne sont pas obligatoires, mais vous pouvez en être privée. C'est encore un moyen de pression.

Les détenues qui travaillent en atelier ont aussi des activités et des cours, mais seulement le samedi.

A Fleury-Mérogis il y a des activités sportives : volley-ball, basket-ball, yoga et gymnastique. Mais là aussi, les séances ne sont pas fréquentes et il faut une autorisation, qui n'est pas systématique. C'est un moyen de pression.

Enfin le dimanche, vous pouvez sortir de votre cellule pour aller à la messe ou assister à une cérémonie de votre culte retransmise à la télévision.

Évidemment toutes ces possibilités ne tombent pas toujours

---

1. Il y a des détenues, celles qui doivent passer devant la cour d'assises, qui restent plusieurs années en maison d'arrêt en attendant leur jugement.

en dehors des heures de promenade, aussi vous devez souvent renoncer à l'une ou à l'autre.

Le dimanche après-midi, c'est la séance de cinéma. Les films sont, paraît-il, sélectionnés par les éducatrices avec approbation de la directrice. La projection a lieu dans la salle qui sert également de chapelle. Là, plusieurs divisions sont rassemblées, mais les séances sont par catégorie : « récidivistes », « primaires ». Le cinéma n'est pas obligatoire mais est aussi un moyen de pression, la privation de cinéma étant une punition de choix!

En résumé, les journées s'écoulent, semblables les unes aux autres, dans la solitude de la cellule, vingt-deux heures sur vingt-quatre pour la majorité des détenues des maisons d'arrêt, qui ne travaillent pas.

« Quand tu vas en cellule, quand tu rencontres les filles en fin de journée, surtout après les activités, même s'il s'est passé plein de choses dans la journée, tu t'aperçois à quel point la solitude et l'enfermement pèsent plus lourd. Et cela je ne le comprenais pas, et parfois j'avais tendance à être attentive et bienveillante quand on nous parlait de tout ce qu'on organise en prison. On a beau faire beaucoup, et c'est important que cela soit fait, il y a quand même des temps, surtout pour les gens angoissés et très préoccupés, qui sont extrêmement solitaires [1]. »

Tant que l'on n'est pas jugée, la monotonie est entrecoupée par les visites des avocats et les comparutions devant les juges d'instruction au Palais de justice. Mais ce n'est pas fréquent. Par exemple dans mon cas, je suis restée six mois à Fleury et je suis allée au Palais quatre fois. Plus la détention préventive dure longtemps, plus la fréquence des « instructions » ralentit, donc moins vous sortez. Quant aux avocats, en général ils ne viennent pas souvent, sauf pour les grosses affaires. Beaucoup de détenues ne voient leur avocat qu'une fois ou deux avant leur jugement, quand ils se donnent la peine de venir!

Pour les « instructions » vous n'êtes prévenue qu'au dernier

1. Témoignage d'une éducatrice.

moment. Le matin vous êtes réveillée la première : « Préparez-vous, vous allez au Palais! » Dure journée pour la Reine! Après le café on vous amène à la fouille et on vous donne un petit paquet « pique-nique » pour le déjeuner (un morceau de pain, une part de fromage « la vache *sérieuse* » – évidemment! » et un fruit) car le fourgon cellulaire vous prend le matin et ne vous ramène que le soir à la fin de toutes les instructions. Vous passez la journée dans les cellules d'attente aux sous-sols du Palais de justice, exiguës, avec un banc scellé au mur, un W.-C. et une porte grillagée : la « souricière ». Là vous attendez, généralement à deux ou trois détenues par cellule, que les gardes viennent vous chercher pour vous amener à travers les méandres des souterrains du Palais de justice jusqu'au cabinet du juge d'instruction. Triste cortège dans un univers d'hommes, des hommes d'armes!

Dans la souricière l'attente de l'instruction est particulièrement angoissante. Les gardiennes sont des religieuses qui, le plus souvent, sont gentilles. Elles vous font des petits cafés, vous demandent des nouvelles d'autres détenues qui sont passées par là : « Comment va une telle? Elle est sortie? Dites-lui bonjour! » et se préoccupent de vous : « Ça va s'arranger! » Avec les autres détenues ce sont les échanges de potins, les conseils : « Quel juge tu as? – J'ai déjà eu affaire à lui, il est bien! » ou alors : « Une telle l'a aussi, c'est un salaud! Fais attention! ». Chacune raconte « son » instruction, « ses » espoirs, « ses » craintes.

Quand toutes les instructions sont terminées, le soir, c'est le retour à la prison dans le fourgon. Souvent on arrive après le dîner. Après la fouille, vous vous retrouvez dans votre cellule devant votre assiette froide. Le lendemain au réveil, c'est la monotonie de la vie carcérale qui reprend jusqu'à la prochaine instruction. Il faut attendre la promenade pour se libérer des angoisses, des questions sur ce qui va suivre... sur l'évolution de votre situation.

A la promenade, la première question est « tu vas sortir en liberté provisoire? ». Et les tours de cour commencent, en groupe. Vous racontez ce qui s'est passé, ce que vous avez dit, ce que le juge vous a demandé. Une question revient sans cesse dans les regards : « Est-ce qu'elle va sortir? – Pas cette fois. Peut-être la prochaine? » Les gestes et les habitudes réglementés reprennent...

En dehors de ces voyages au Palais, le lien avec l'extérieur, le rappel que *l'autre* univers existe, reste les visites, les « parloirs ». Quand on est « prévenue » on a droit à trois parloirs d'une demi-heure par semaine. Pour les condamnées, une fois par semaine. Mais le règlement stipule : « La fréquence et la durée des parloirs peuvent être réduites si d'impérieuses nécessités de service l'exigent. » *(Art. 32.)*

Il y a deux sortes de parloirs, les « parloirs de sécurité » et les parloirs libres. Dans ces derniers vous n'êtes pas séparé de votre visiteur. Ces parloirs ont lieu dans des pièces spécialement aménagées et vous y rencontrez votre avocat ou votre visiteuse. Normalement les visites ne sont pas écoutées, ne peuvent pas l'être [1]. Mais vous êtes tout de même surveillée à travers la porte qui est en verre et d'où l'on voit toute la pièce. La surveillante de service fait d'ailleurs les cent pas dans le couloir.

Ces visites ne sont pas limitées. Les détenues passent à « la fouille » avant d'entrer au parloir et en en sortant. Selon les surveillantes, elle peut se résumer à un « baissez votre culotte! » ou bien à un déshabillage complet.

Les avocats groupent en général leurs visites quand ils viennent à Fleury. Ils passent à la prison pour hommes et à celle des femmes. Donc les entrevues sont courtes, et se limitent à quelques questions concernant le dossier et les arrangements pour les honoraires. Il y a tout de même des avocats qui ont une autre conception de leur métier, et qui se préoccupent « humainement » du sort de leurs clients et clientes. Il faut dire que pour les détenues l'avocat représente le guide pour sortir du labyrinthe, celui qui connaît le langage des juges, incompréhensible pour un non-initié, et surtout c'est votre « défenseur », le seul dans ce « monde de Justice » dont la fonction n'est pas de vous accuser, de vous punir, mais au contraire d'essayer de vous « sauver ». Malheureusement

---

1. Cela fait partie des droits de la défense.

peu d'avocats assument complètement ce rôle. Et la plupart des détenues reviennent frustrées et désespérées de leurs parloirs avec leur avocat. Encore, quand on a les moyens de se payer un avocat, on a plus de chances de le voir; il se dérangera peut-être pour les instructions, on aura l'impression qu'il fait un peu plus cas de vous. Mais si l'on n'en a pas les moyens, il faut demander l'assistance judiciaire et l'on nomme un avocat d'office, ce qui est très fréquent. Et là, rares sont celles qui les rencontrent. Sauf, si vous avez une visiteuse qui se démène pour qu'il s'occupe de vous.

Si à votre arrivée à la prison vous avez lu le règlement, vous savez que vous pouvez demander une visiteuse, mais l'on ne vous explique pas en quoi elle peut vous aider. Généralement, c'est l'éducatrice qui vous conseille d'en faire la demande, ou bien d'autres détenues. Mais vous ne pouvez pas choisir telle ou telle visiteuse. Je dois dire que de nombreuses détenues et même les éducatrices m'avaient parlé de Natacha Duché quand j'étais détenue, comme d'une personne exceptionnelle. Elle avait son auréole à Fleury! J'aurais bien voulu la rencontrer, mais comme je ne pouvais pas la demander et que d'autre part j'étais bien assistée par mon avocat, je n'ai finalement pas fait de demande de visiteuse.

Quand vous êtes en prison, vous vous sentez, vous êtes, totalement impotente, ligotée. Il est donc important que d'autres bougent à votre place pour essayer de vous sortir de là. La famille est généralement occupée à travailler et de plus, n'entend rien au fonctionnement de la Justice. Il n'y a que l'avocat et la visiteuse qui peuvent, en connaissance de cause, vous aider. Car les assistantes sociales, les éducatrices, etc., même avec la meilleure volonté, font tout de même partie du personnel [1]. Alors que l'avocat est en face, à vos côtés. Et la

---

1. Le décret n° 77-1143 du 22 septembre 1977 a fixé le statut particulier du personnel éducatif et de probation des services extérieurs de l'administration pénitentiaire.
« (...) Cependant afin d'accroître l'efficacité des personnels éducatifs, d'améliorer la qualité des fonctions d'animation et d'assistance et de coordonner les actions des éducateurs affectés dans les plus importants services, il était nécessaire de restructurer ce corps et de créer un grade d'encadrement, celui de chef de service éducatif. L'accès en est réservé par

visiteuse peut l'être aussi; d'après ce que j'ai vu, ce n'est pas toujours le cas, mais enfin il y en a quand même qui ne s'identifient pas à l'administration.

A part ces « parloirs libres » avec les avocats et les visiteuses, dont la majorité des détenues ne bénéficie pas (il y a actuellement 2 visiteuses pour toute la population de la maison d'arrêt des femmes de Fleury alors qu'il y a 150 visiteurs et visiteuses pour la prison de la Santé par exemple!), il existe la possibilité d'avoir une autorisation de parloir libre avec votre famille. Mais c'est extrêmement rare. Il y a tout de même quelques cas, par exemple, une mère très âgée et malade qui obtient l'autorisation d'embrasser sa fille, ou des traitements de faveur inexplicables comme pour le cas de la femme de Mesrine...

Les visites des familles se passent toujours en parloirs de sécurité. Ce sont des cellules-cagibis où l'on vous enferme. Il y a un siège devant une vitre, l'hygiaphone, qui donne sur un couloir. Votre famille ou vos amis viennent s'asseoir près de la vitre et vous parlez, face à face, pendant une demi-heure, dans le léger brouhaha des autres conversations tandis qu'une surveillante passe et repasse derrière les visiteurs. Vos conversations dans ces parloirs peuvent être écoutées. On m'a même confirmé qu'à la MAF de Fleury l'espionnage était régulier. Sans doute avec l'excuse de découvrir des plans d'évasion?

Avant de vous amener au parloir, on vous donne le numéro de votre « cabine », et quand vous y êtes enfermée on appelle

voie d'inscription à un tableau d'avancement aux éducateurs ayant atteint le 3ᵉ échelon et comptant au moins trois années de services effectifs depuis leur titularisation... » Évidemment, l'administration pénitentiaire tient à former elle-même toutes les catégories du personnel des prisons pour en avoir le contrôle total. Et un certain nombre d'éducateurs-trices viennent du personnel de surveillance! Pour exemple, au concours d'élèves éducateurs du 4 mai 1977, 42 postes étaient à pourvoir à titre externe et 18 à titre interne. A titre interne, 33 adjoints de probation ou membres du personnel de surveillance se sont inscrits au concours; 29 se sont présentés, 12 ont été déclarés admissibles, puis reçus (la répartition est à peu près égale entre hommes et femmes).

(Information du *Rapport général sur l'exercice de la direction de l'administration pénitentiaire*.)

votre parent ou ami. Alors vous avez des nouvelles de l'extérieur, de ce qui était votre vie avant... des uns et des autres qui vous entouraient. Images fugitives, frustrantes. Tout dire et tout savoir en une demi-heure. Faux contacts volubiles, entourés d'yeux et d'oreilles...

Un jour en rentrant du parloir j'étais avec une jeune Gitane qui avait vu sa mère et je lui demande : « Tu as eu de bonnes nouvelles? » et elle me répond : « On n'a pas parlé. Ça ne sert à rien de parler. On est seulement restées assises. »

Peut-être en effet, ce qui est le plus important dans les parloirs, c'est de sentir qu'on ne vous a pas oubliée de l'autre côté. Que vous continuez à exister dans l'autre monde. Mais quand vous êtes condamnée, les visites s'espacent et si la condamnation est forte, elles disparaissent au long des années. Les condamnées à de lourdes peines ont souvent peu ou plus du tout de visites. Et c'est terrible...

« La solitude est parfois une véritable île de désespérance. » « Qui ne s'est pas senti un jour rejeté? soit par un ami, un mari, ou son enfant, un frère ou une sœur? »

« Voici dix ans que je suis incarcérée et j'ai eu le temps de faire le point avec moi-même et parfois avec d'autres, mais là, je ne me suis pas toujours sentie comprise. Mais je sais une chose c'est que s'il existe un mur de la honte, il existe aussi un mur du mépris! Car je sais des gens qui passent devant la porte sans la voir et qui pourtant ont les leurs derrière ces murs! Mes mots sont de pauvres mots, mais au travers d'eux, c'est mon cœur qui est jeté sur du papier. »

« (...) Pour la fête des mères tu l'attendais déjà! Aux vacances dernières il a oublié... Tu as dit : il viendra à Noël et pour être sûre de ne pas te tromper tu lui as adressé un peu de tes faibles économies, n'est-ce pas que c'est vrai? Noël est passé... » « (...) " Le petit "? Ah oui cette année, non il n'est pas venu, mais vous verrez au printemps il viendra, il me l'a dit... [1] »

---

1. Lettre signée Fernande parue dans *Pénélope,* journal édité par les détenues de la centrale de Rennes.

A part les visites, l'autre lien avec l'extérieur est le courrier. Maintenant il n'y a pas de limitation au nombre de lettres que vous pouvez envoyer. Vous pouvez écrire à qui vous voulez quand vous voulez, « sous réserve de dispositions contraires ordonnées par le magistrat chargé du dossier de l'information »(*art. D. 65* du Code de procédure pénale). Cela pour les « prévenues ». Pour les condamnées, avant la réforme elles ne pouvaient écrire que trois lettres par semaine et seulement à leur famille (« Époux, concubin, fiancé, tuteur, descendants, ascendants, collatéraux » *art. 29*). Maintenant elles peuvent écrire aux personnes de leur choix, sous réserve d'une interdiction de la directrice bien entendu.

On écrit beaucoup en prison. Non seulement parce que c'est un lien avec l'extérieur mais aussi parce que c'est un moyen de s'exprimer dans ce monde de brimades continuelles. Évidemment on y met toujours beaucoup de retenue, car chaque lettre est lue par les surveillantes chargées de la censure. Et il arrive que l'on vous retourne votre lettre. Et si vous écrivez quelque chose qui est jugé intéressant pour votre juge d'instruction, il en est immédiatement informé. Celles qui n'ont personne à qui écrire déchirent leurs lettres ensuite, mais de toute façon les écrivent.

Ces lettres peuvent en effet être lues, car les fouilles des cellules sont fréquentes et toutes vos affaires sont inspectées, tous vos papiers sont épluchés.

Si l'on censure tout ce que vous écrivez, on surveille aussi tout ce que vous lisez.

Il existe une bibliothèque dans chaque prison. A Fleury-Mérogis la bibliothécaire est une religieuse. On a droit à quatre livres par semaine. En principe on peut choisir sur une liste les livres que l'on veut lire, mais on arrive toujours à vous en imposer car si ceux que vous demandez ne sont pas disponibles on vous en donne d'autres... Et avec cette excuse évidemment, ce sont toujours les mêmes qui ne sont jamais disponibles.

Si vous lisez beaucoup, dans la solitude de la cellule, quatre livres par semaine c'est peu. Vous ne pouvez pas vous les prêter, c'est strictement interdit. En revanche, vous pouvez en acheter (si vous en avez les moyens) par l'intermédiaire de votre éducatrice. Mais il faut d'abord soumettre une liste à la directrice et obtenir son autorisation. Elle ne vous est pas toujours accordée. Certains livres sont d'ailleurs interdits.

La censure de la lecture s'étend aussi aux journaux.

Vous pouvez vous abonner aux journaux de votre choix, qui sont sur la liste de la « cantine ». Si vous voulez recevoir d'autres publications, il faut en demander l'autorisation. Il y a des journaux qui ne rentrent jamais en prison! (Les journaux militants en particulier... sauf les journaux religieux bien entendu.)

Par l'intermédiaire de la cantine, on peut « consommer » un certain nombre de produits : alimentaires, de toilette, de maquillage, d'entretien, etc., mais à condition d'avoir un « pécule ». Comme à l'extérieur : pas d'argent pas de consommation!

Les détenues qui sont « riches » ne peuvent pas consommer au-delà des limites autorisées, cela pour éviter le partage, qui est appelé « trafic ».

De plus les commandes de cantine peuvent être supprimées. C'est une fois de plus un moyen de pression.

Les détenues qui n'ont pas d'argent en arrivant à la prison et qui n'en reçoivent pas de l'extérieur sont totalement démunies si elles ne travaillent pas. Elles n'ont rien, même pas le minimum nécessaire, même pas de shampooing, ni de papier hygiénique...

En fait tout ce qui pourrait faciliter un peu le séjour en prison est aléatoire, et pas du tout à la portée de toutes les détenues.

Vous êtes là pour être punie, brimée. Vous êtes là pour souffrir, *enfermée*.

A la fin de chaque journée une tension désespérée monte dans la prison. A partir de 18 heures, tout le monde sait qu'il n'y a plus de possibilité de sortir de sa cellule. Toutes les activités sont terminées. Tout le personnel éducatif et social a quitté la prison. Les portes se referment. Le dîner a été distribué. Les médicaments aussi. Vous êtes seule.

Alors commencent d'étranges dialogues, d'une cellule à

l'autre, en criant par la fenêtre : « Ça va? – Oui, et toi? » De pauvres petites phrases pour essayer de combler le vide. Quelques chansons. Mais tout cela est interdit. On vous ordonne de vous taire. Si vous n'obéissez pas la porte peut s'ouvrir, pour la dernière fois de la journée, et alors on vous emmène au « mitard »...

IV

LES PRISONS DE LA PRISON
PUNITIONS ET BRIMADES

« Il faut essayer de ne pas avoir des cachots trop horribles ni trop insalubres, car s'ils provoquaient la mort des prisonniers, les inquisiteurs seraient en état d'irrégularité... quoique les inquisiteurs et leurs assistants aient la faculté de s'absoudre entre eux de l'irrégularité qu'ils auraient pu commettre involontairement, grâce au décret qui leur fut donné par le pape Urbain IV. Deuxièmement, l'insalubrité et la saleté des cachots doivent être en rapport avec la gravité des délits et la condition des prisonniers. Troisièmement, les femmes et les hommes doivent être séparés. Quatrièmement, le mari et l'épouse ne peuvent pas se trouver enfermés dans le même lieu, mais si l'un d'eux, la femme par exemple, est innocente, on doit lui permettre de communiquer avec le mari. Cinquièmement, deux prisonniers ne doivent pas se trouver dans le même cachot, à moins que les inquisiteurs aient des motifs pour le faire, et cela en raison de l'étroite amitié que deux condamnés peuvent avoir à cause du malheur qu'ils partagent, et qu'ils méditent ensemble un projet pour s'échapper, cacher la vérité, etc. Sixièmement, de temps en temps les inquisiteurs visiteront les prisonniers et leur demanderont s'ils reçoivent ce dont ils ont besoin, s'ils se trouvent bien ou mal. Il convient que lesdites visites se fassent fréquemment, car lorsque le prisonnier désespère de sa captivité, quoique la vue du juge soit terrible, parfois son raisonnement doux et charitable peut être d'une grande consolation. Enfin, il y a beaucoup d'autres manières utiles et raisonnables, lesquelles bien plus que par cette lecture s'apprendront par la pratique; en outre, dans cette matière il y a beaucoup de choses qu'il ne convient pas de publier, et que les inquisiteurs connaissent parfaitement. » (Du *Manuel des inquisiteurs* de Nicolau Eymeric, XIVᵉ siècle.)

La prison n'est pas le point limite. Il y a encore la prison de la prison : le mitard. La « mise au pas » est graduée : si vous ne supportez ou n'acceptez pas le collier, on vous met un carcan (la prison), et si vous ne supportez ou n'acceptez pas celui-ci, on vous en met un plus serré (le mitard), et si là vous n'êtes pas réduite, alors il ne reste que l'étranglement. Mais notre « démocratie » réserve cet extrême aux pays « dictatoriaux »...

Le « mitard », la punition par excellence! La prison de la prison! Et on la craint comme les « braves gens » craignent la prison!

Donc des boîtes successives : cellule, mitard... chambres gigognes... où il fait de plus en plus noir [1].

Je ne suis jamais allée au mitard, mais j'ai eu l'occasion de les voir en allant au prétoire. J'étais accompagnée d'une surveillante-chef et, en passant dans le couloir du « quartier d'isolement », je remarquai que les cellules étaient différentes. « Ce sont les mitards », me dit-elle. J'étais très étonnée, car je pensais que ces fameuses cellules de punition étaient un mythe, qu'elles n'existaient plus dans cette prison « moderne ». Je me trompais, elles existaient bel et bien, et pour me le prouver elle m'en montra une.

C'est une cellule capitonnée, sans fenêtre, avec juste une rangée de vitres très épaisses au ras du plafond et qui laisse filtrer un peu de la lumière du jour. Il n'y a pas de meubles, juste un matelas par terre. Pas de lavabo, mais une « tinette » avec une grille pour éviter que l'on ne puisse mettre sa tête dans l'eau qui stagne et se noyer dans un moment de désespoir... Il y a une double porte : celle qui donne sur le couloir avec un œilleton et une seconde porte, grillagée, qui reste toujours fermée. Quand on vous apporte vos repas, on les glisse sous la grille. C'est une cellule moyenâgeuse remise au goût du jour. Je demandais pourquoi la cellule était capitonnée et la surveillante-chef me dit que, « comme on y met les filles qui ont des crises de nerfs, c'est pour éviter

---

1. Sans oublier les Q.H.S. (Quartiers de Haute Sécurité).

qu'elles ne se fassent du mal en se tapant la tête contre les murs »...

Le mitard sert plus qu'on ne le dit : « Si vous appelez la gardienne, car vous croyez que votre voisine s'est suicidée – et vous ne vous êtes pas trompée, car il a fallu la dépendre –, vous allez au mitard. Parce que cela ne se fait pas de hurler. Au mitard aussi, si vous cueillez une rose du jardin de la communauté pendant l'heure de promenade. Au mitard, si l'envie vous prend de ne pas répondre à l'interphone anonyme [1]. »

« Le mitard, c'est inhumain. Une cellule sans fenêtre, aérée par une bouche de ventilation. Un matelas par terre. (...) La femme est en chemise de nuit. On lui enlève toutes ses affaires. Rien. Elle peut dormir et rester couchée si elle veut. Je crois qu'il est tout de même possible d'avoir de la lecture. Il y a une grille en deçà de la porte. On lui passe la nourriture à travers les barreaux, le menu est normal, mais elle n'a droit à aucune " cantine " (pâtisseries ou café). Seule la cigarette est autorisée [2]. »

Dans la plupart des cas on vous emmène au mitard quand vous ne supportez plus d'être enfermée... Quand vous vous révoltez, quand vous tambourinez sur la porte, quand vous hurlez, quand vous criez pour contacter votre voisine, quand vous appelez la nuit et que personne ne vient. Il arrive que des détenues mettent le feu à leur couverture tellement elles sont angoissées et désespérées, seules, devant cette porte hermétiquement fermée. Certaines se mordent, se coupent, se griffent, et tentent de se suicider dans un ultime appel [3]. Alors,

1. Du journal *Le Matin,* numéro hors série, juin 1980.
2. Mme X. Interview de M. Leconte-Souchet, in *Femmes et Mondes,* septembre 1977.
« 3. (...) Mais les " maladies des cages " ne sont pas seulement microbiennes, elles sont psychiques. Les symptômes en sont innombrables : les bêtes se mordent elles-mêmes, s'arrachent les poils, se mutilent ou plus simplement sombrent dans la mélancolie, quand ce n'est pas la complète folie. Les cas graves d'automutilation sont fréquents : des chimpanzés s'enfoncent avec obstination des brins de paille dans l'oreille jusqu'à se crever le tympan, les gorilles se mordent les pieds [...]. Le traumatisme de la captivité ne peut pas être épargné à l'animal. Il résulte du bouleversement psychique causé par le passage d'un mode de vie à un

les surveillantes alertées arrivent en force et les traînent au mitard. Si la détenue résiste trop, on va chercher des surveillants de la maison d'arrêt des hommes voisine, pour maîtriser la détenue et la « porter ». Tout au long du couloir de la division, alertées par les cris, d'autres détenues interpellent les surveillants et les surveillantes, les insultent. Les autres répondent, menacent, et on ouvre d'autres portes. J'ai entendu maintes fois le soir, ces cris et ces drames. J'ai vu par ma fenêtre des prisonnières maintenues, traînées par les pieds par les surveillantes tout au long du couloir qui mène au rond-point.

Quand vous sortez du mitard, vous êtes contente de retrouver votre cellule, votre division, les promenades... Les surveillantes aussi sont calmées. La tension est tombée, pour un temps.

Au quartier disciplinaire il y aussi des « cellules d'isolement ». Elles sont semblables aux cellules « ordinaires », mais la fenêtre est grillagée. Quand on vous emmène à l'isolement vous pouvez, contrairement au mitard, emporter quelques-unes de vos affaires personnelles. Vous avez une promenade par jour, mais seule dans une petite cour. Vous ne voyez personne à part la surveillante qui vous apporte vos repas, et vous restez enfermée : pas de cours, pas de travail, pas d'« activités ». L'isolement est une punition que l'on donne souvent, par exemple : pour « avoir donné une bouteille d'eau minérale à une codétenue, pendant la promenade », ou pour avoir écrit à une autre détenue, le fameux « biffeton », etc. La

autre complètement différent [...]. Il arrive que certains prisonniers aient assez d'imagination pour découvrir des formes d'activité qui leur épargnent « la dépression nerveuse ». Ceux-là, comme les singes, les rhinocéros et les ours s'inventent des refuges, des passe-temps et même des gags. Comme ces singes dont le grand jeu consistait à cracher sur les visiteurs de l'eau qu'ils gardaient en réserve dans leur bouche, ou encore ces lions qui se plaisaient à uriner sur ceux qui passent à portée de leur cage. Faute d'avoir su inventer ces jeux qui adoucissent leur situation, beaucoup d'animaux prêts à sombrer dans la mélancolie sont sauvés par la compagnie d'autres animaux, quels qu'ils soient... Tous ceux qui ont la charge d'un zoo devraient prendre conscience de l'importance que le psychisme, l'affectivité, jouent dans cette vie concentrationnaire... » (Philippe Diolé, *Le Drame des zoos ou les Zoos c'est le bagne.*)

punition d'isolement, pour deux jours, ou trois, ou une semaine et ainsi de suite, est généralement donnée au « prétoire », mais on peut aussi vous y emmener après une dispute entre détenues pendant la promenade ou à la suite d'insultes à une surveillante [1].

D'autre part il y a aussi les détenues jugées dangereuses ou « nocives » par la directrice de la prison, et que l'on met d'office à l'isolement dès leur arrivée jusqu'à leur sortie!

L'isolement est une véritable torture pour la plupart des détenues qui ne supportent déjà pas l'isolement cellulaire du régime « ordinaire ». Mais « tant pis pour elles », dit le personnel en regardant tranquillement par l'œilleton!

Les punitions et les brimades en prison mettent le pouvoir en évidence. Les rapports sont clairs, on pourrait même dire exemplaires : tu n'es pas libre – ON a un pouvoir sur toi –, et pour que tu te le tiennes pour dit, on en abuse! « Le seul véritable moyen de mettre en évidence la possession, c'est l'abus [2]. »

Avant d'arriver à l'isolement et au mitard, on subit toute une série de provocations, de brimades, en bref le rite carcéral.

Le rite a une ossature : le règlement. Dans les prisons de femmes il est appliqué à la lettre, à la virgule et aux points de suspension! Les surveillantes tatillonnent jusqu'à l'obsession, ce qui se traduit pour la détenue par des rappels à l'ordre de chaque détail à chaque instant et qui finissent par devenir une véritable TORTURE psychique. Du réveil jusqu'à l'extinction des feux on contrarie tous vos mouvements, toutes vos impulsions, et même la nuit on vous réveille pour vous crier : « Découvrez votre tête! » si en dormant vous avez trop remonté vos couvertures.

---

1. Actuellement il y a aussi des détenues incarcérées qui sont à « l'isolement » par décision du ministère de l'Intérieur, d'autres par décision de la chancellerie ou du juge d'instruction.
2. Dalton Trumbo in *La Nuit de l'auroch*.

Il faut reconnaître que les surveillantes ont l'obsession du détail (névrose des bonnes ménagères efficaces) et comme elles ne peuvent rien faire d'autre, à longueur de journée, que d'avoir l'œil sur les détenues, puisqu'elles n'ont aucune autre activité (si minime soit-elle), même pas parler entre elles ou tricoter ou lire, elles sont à l'affût de chacun de vos gestes avec un zèle excessif. Même un sourire est interprété! Cela m'est arrivé en rentrant de promenade. Une surveillante ayant fait une réflexion particulièrement débile à une jeune détenue nord-africaine, un peu trop spontanée à son goût, j'ai souri naturellement. Eh bien, la surveillante est venue dans ma cellule pour me demander pourquoi j'avais souri! Et que si je le prenais sur ce ton, la prochaine fois elle me mettrait un rapport pour insolence. Il m'est d'ailleurs arrivé plusieurs fois ce genre d'aventure, et même un jour où une surveillante-chef faisait une réflexion particulièrement grossière à une autre jeune détenue nord-africaine, je me sentis obligée de lui faire remarquer que *tout de même* c'était un être humain! Elle me rétorqua : « Vous verrez, dans quelque temps vous vous rendrez compte de ce qu'elles sont! » Et inévitablement, un jour, cette surveillante-chef se fit insulter à un retour de promenade par la jeune femme en question, et alors elle me dit : « Vous voyez, Madame! Comment voulez-vous considérer ça comme un être humain! »

Cela est d'ailleurs très fortement ressenti par les détenues qui constamment disent : « On n'est pas des bêtes, tout de même! » Effectivement on nous traite plutôt comme des animaux. Et comme pour eux, le fait que l'on puisse *éprouver* des sentiments n'entre pas en ligne de compte.

La répression s'abat sur nous à chaque instant, comme pour nous confirmer que nous ne nous appartenons pas.

Les « tracasseries » sont constantes, concernant la propreté corporelle, vestimentaire et l'état de la cellule – on peut avoir un rapport et même comparaître devant le prétoire pour ne pas avoir mis une « alèze » sur son matelas. Les cellules sont fréquemment fouillées. Quand les « fouilles » ont lieu pendant les promenades, elles sont souvent faites de telle manière que vous ne puissiez pas vous en apercevoir. Tout est regardé et remis en place. Mais on arrive à le savoir si quelqu'un voit les surveillantes entrer dans la cellule, ou si, comme dans mon cas, la cellule donne sur la cour de promenade et que vous aperceviez les surveillantes par la fenêtre. Il se trouve toujours une autre détenue pour vous prévenir. Ces fouilles servent à vérifier vos affaires et à lire le courrier des avocats qui normalement ne passe pas par la censure. Mais votre cellule peut passer à la « fouille » alors que vous y êtes enfermée. A ce moment-là on vous emmène dans une cellule vide et vous êtes « fouillée » physiquement, c'est-à-dire que vous devez vous déshabiller complètement. Ensuite, vous attendez que les surveillantes aient terminé de farfouiller dans votre cellule. Personnellement, j'ai toujours retrouvé ma cellule en ordre, mais d'autres détenues ont retrouvé la leur sens dessus dessous et leurs affaires jetées par terre : « Mettez donc un peu d'ordre là-dedans, ça vous occupera! »

Ces fouilles servent évidemment à vérifier que nous n'avez pas de « choses interdites » ou appartenant à une autre détenue. L'excuse, c'est « la sécurité ». Mais elles servent aussi de pression psychologique sur les détenues afin que l'on se sente constamment à « découvert ».

Les fouilles corporelles sont fréquentes, avec l'excuse de vérifier si vous ne transportez pas sur votre personne des « choses interdites ». Chaque fois que vous allez voir votre avocat, votre visiteuse, chaque fois que vous allez au Palais de justice, ou à l'hôpital de Fresnes, vous êtes fouillée deux fois : au départ et au retour.

Pendant ma captivité j'avais dû aller consulter un oculiste et l'on m'emmena à l'hôpital de Fresnes escortée d'une surveillante. Elle me fit déshabiller avant de partir et palpa tous mes vêtements, regarda dans mes cheveux. Elle ne me quitta pas d'une semelle, puisque je fus convoyée en « escorte spéciale » et qu'elle resta assise à côté de moi. A l'hôpital elle me suivit partout, même chez le médecin, et je ne fus pas un instant sans elle. Au retour à la prison elle me dit de me

déshabiller. Je lui demandais pourquoi et elle me rétorqua :
« Mais pour la fouille. » Je lui fis remarquer qu'elle ne
m'avait pas quittée une seconde et que c'était absurde.
Réponse invariable : « C'est le règlement! » Néanmoins,
réflexion faite, elle eut un doute sur l'utilité de la chose et me
demanda de ne baisser QUE ma culotte, pour la forme!

Cette expérience est significative. Si quelquefois les fouilles
sont minutieuses, elles se limitent en général au « baissage de
culotte ». Dans certaines circonstances il est évident que c'est
pour gagner du temps; par exemple, quand l'escorte de police
est arrivée pour vous emmener au Palais ou au retour, s'il est
tard et qu'il y a beaucoup de détenues à vérifier, etc. Mais cela
n'explique pas le pourquoi de cette limitation à la « culotte »,
et quelquefois aux seins (« soulevez votre pull, montrez votre
soutien-gorge »).

D'ailleurs ces fouilles successives n'empêchent ni les
échanges entre détenues, ni les entrées irrégulières de « choses
interdites », ni les « biffetons », et c'est un fait notoire. Donc, la
signification de ces fouilles est ailleurs. C'est une mesure
vexatoire et, surtout, de soumission à l'autorité.

On peut être interpellée à tout moment et obligée de
montrer ce qui est considéré, dans notre société, comme les
parties *intimes,* privées, de notre corps. C'est le signe du
pouvoir de l'autre, de celle qui nous regarde. Et cela est bel et
bien utilisé en ce sens.

L'efficacité de ces brimades n'est pas uniquement orientée
sur la détenue, mais également sur la surveillante [1]. Cela
marque la limite entre l'une et l'autre, et contribue à
maintenir cette dernière dans son rôle, au profit de l'institution, bien entendu. Et cela se comprend, car si nous, les
détenues, sommes là « par la force », les surveillantes sont là

---

1. « Ce règlement très tatillon oblige constamment la détenue et la
gardienne à une autosurveillance et une autocensure qui ne laissent
aucune place à une pensée, une initiative individuelles. Le règlement sert
alors de " garde-fou ", tient lieu de pensée. » (Article « De la misère en
milieu carcéral » rédigé par d'anciennes détenues. Paru dans la revue
Sorcières, n° 6, 1976.)

« volontairement », mais il faut aussi les maintenir à leur place et pour cela elles doivent y trouver un profit.

Qu'est-ce qui pousse ces femmes à devenir gardiennes de prison? Uniquement la recherche d'un « travail stable »? Car il y a une différence entre être ouvrière d'usine et gardienne de prison! Une différence morale qu'elles n'ignorent pas, puisqu'elles ne reconnaissent généralement pas publiquement qu'elles font CE travail...

En quoi consiste exactement leur travail?

Elles doivent « en premier lieu assurer la garde des détenues dont elles ont la charge *(art. D. 276 et D. 271)*, contrôler l'exécution du travail pénal et accompagner des détenues dans tous leurs déplacements ».

« La nuit des rondes sont minutieusement organisées à des heures modifiées quotidiennement et comportant divers et scrupuleux pointages *(art. D. 272)*.»

Elles participent au maintien de l'ordre et de la discipline, qui pour être fermes ne doivent pas « apporter plus de contrainte qu'il n'est nécessaire pour le maintien de la sécurité et d'une bonne organisation de la vie en collectivité *(art. D. 242).* »

« Quotidiennement, les surveillantes doivent rapporter sur un cahier d'observation tous renseignements utiles témoignant d'une mauvaise conduite mais aussi d'un comportement positif. Tout manquement à la discipline est sanctionné, qu'il se rapporte à une disposition légale ou à un article du règlement intérieur [1]. »

Leur *travail* consiste essentiellement à *observer* et à *rapporter*. Le seul pouvoir réel qu'elles exercent est restreint mais terriblement efficace : celui de « tracasser » les détenues à longueur de journée, avec la menace constante de faire des « rapports » qui pourront modifier, empirer, votre régime de

1. C'est également au vu du rapport d'observation, entre autres, que seront prononcées les réductions de peine, la surveillante-chef siégeant au sein de la commission d'Application des peines. » (R. Cario, *La Réinsertion sociale des délinquantes majeures,* université de Rennes, Faculté des sciences juridiques, octobre 1976.)

détention, empêcher des « remises de peine » et supprimer des « permissions de sortie ».

Je n'ai pas rencontré de détenues qui considèrent autrement les surveillantes que comme des « matonnes », et elles les méprisent franchement [1]. Les rapports sont en général tendus et inévitablement les surveillantes provoquent les détenues en faisant peser un peu plus leur pouvoir; or cela finit toujours mal pour la détenue. Ces petites luttes continuelles, sur des détails, sont débilitantes. Et nous, les détenues, arrivons à en être aussi obsédées que les surveillantes [2]. Je suppose que c'est le but recherché! Cela distrait du problème fondamental!

« (...) La prison n'est pas un atelier; elle est, il faut qu'elle soit en elle-même une machine (...); elle les « occupe » et cela continuellement fût-ce dans l'unique but de remplir leurs moments. Lorsque le corps s'agite, lorsque l'esprit s'applique à un objet déterminé, les idées importunes s'éloignent, le calme renaît dans l'âme [3]. »

Et cela est valable aussi pour les surveillantes. Elles sont,

---

1. Il faut dire que cette obsession du règlement et son application à la lettre est plutôt abêtissant et donne des situations cocasses souvent vexantes pour les surveillantes. Les détenues ne manquent pas d'en faire des gorges chaudes! Par exemple, une détenue à qui une surveillante était venue faire un rapport sur un détail idiot lui rétorqua : « Eh bien, faites votre rapport, mais sortez immédiatement! » et la surveillante s'exécuta... en refermant la porte derrière elle, bien sûr! (exemple de rapport : « a donné une plaque de chocolat à une autre détenue qui a accepté » ou encore : « a mis son couvre-lit sur la fenêtre de sa cellule », etc.). Une autre détenue libérée laissa, à la remise de ses affaires au greffe de la prison, quelques pièces de monnaie « pour le service! », et la surveillante de permanence lui dit très sérieusement, sans voir la portée réelle du geste : « On n'a pas le droit, Madame. »
2. Par exemple se battre pour des détails infimes, qui prend évidemment le sens de résistance au règlement imposé mais ne change en rien le problème fondamental de notre emprisonnement. Les foulards sont interdits (on pourrait se pendre avec!); aussi pour récupérer le mien, j'avais fait une demande écrite au directeur qui refusa. J'écrivis une autre lettre demandant à avoir « un tissu vert en soie de la grandeur de la serviette de toilette que me fournit l'administration » et cette fois j'eus droit à mon foulard! Une codétenue fit de même, demandant un « tissu à fleur de la grandeur de sa serviette de table » qui lui fut accordé!
3. E. Danjou, *Les Prisons.* Cité par M. Foucault.

elles aussi prisonnières d'un contexte bien élaboré pour maintenir un certain ordre, dont la cohérence profonde leur échappe.

Non seulement elles font partie intégrante de cette machine, mais elles sont là pour que la machine fonctionne, sans droit à s'interroger d'ailleurs, ni sur son fonctionnement ni sur le résultat. Et dans ce sens, elles la subissent plus que les prisonnières car leur participation est *volontaire, consciente,* et donc sans espoir...

Pour les prisonnières, en majorité, il y a l'espoir d'échapper à l'emprise matérielle de cette machine, sinon même l'oublier, leur destin se situant ailleurs. En revanche, pour les surveillantes, toute leur vie est conditionnée par l'existence, la marche et l'avenir de cette machine.

Comme tous les fonctionnaires, toutes les étapes de leur carrière, de leur vie, est définie d'avance par un statut. Depuis la réforme statuaire de 1977, il se caractérise, en ce qui concerne le personnel de surveillance, par « un meilleur déroulement de carrière notamment grâce à la réduction du nombre d'échelons dans chacun des grades, facilitant ainsi l'accès rapide à des postes de responsabilités ».

En effet, « le déroulement de carrière du grade de surveillant et surveillant principal qui comportait onze échelons dont un échelon exceptionnel, était identique à celui des gardiens de la paix et sous-brigadier, la seule disparité se situant sur le plan indiciaire au niveau des deux derniers échelons. Désormais, la parité totale, indiciaire et de carrière devant être établie entre les deux corps, il est apparu nécessaire de mettre le statut en harmonie avec les dispositions adaptées en faveur des gardiens de la paix par le décret n° 77-650.

A cet effet, il a été décidé de supprimer l'échelon exceptionnel et de ramener à dix le nombre d'échelons tout en augmentant d'une année la durée totale de la carrière, soit VINGT ET UN ANS, qui s'étalait sur vingt ans. Ainsi certains échelons ont-ils une durée moyenne plus longue : l'ancienneté exigée pour atteindre l'échelon supérieur qui était précisément de deux ans est maintenant fixée à trois ans pour les 1er, 5e et 6e échelons [1]. »

Mais pour gravir les échelons, les surveillantes doivent se présenter à un examen professionnel. Pour avoir accès au grade de première surveillante elles doivent avoir sept ans de service effectif. Les nominations au grade de surveillante-chef et chef de maison d'arrêt sont faites *au choix* et dépendent des notes et des appréciations des plus hauts gradés sur « l'aptitude professionnelle ». Déjà pour postuler au grade de surveillante-chef « dans l'hypothèse la plus favorable » il faut au moins « neuf ans de service » (au lieu de sept avant le décret de 1977).

Les surveillants-chefs peuvent devenir chefs de maison d'arrêt dans un établissement pénitentiaire de moins de cent places. Mais pour les surveillantes-chefs, les possibilités sont infimes car il n'y a pas de petites maisons d'arrêt pour les femmes. Les détenues de province sont dans des quartiers particuliers dans des prisons d'hommes (et je ne connais pas d'exemple de chefs de maisons d'arrêt d'hommes!).

Enfin il est clair que toute la vie des surveillantes se passera en prison. La détenue compte sa peine et sait qu'elle sortira un jour pour vivre autre chose, et elle pense à cette autre vie. Les surveillantes savent qu'elles ne sortiront qu'à la retraite, et en attendant elles font leur travail, et elles le font *bien* pour être bien notées et avoir de l'avancement.

En réalité, c'est par elles et à travers elles que la prison est vécue comme lieu d'enfermement total; parce que simultanément elles *sont* la prison pour les autres et les autres sont leur prison.

Et c'est cela qui crée ces étranges rapports aliénants, car si la prisonnière peut rejeter la surveillante comme une façon de refuser la prison, la surveillante, tout en rejetant la détenue comme la vision de son propre enfermement, sait que sans elle son rôle, et donc son avenir, serait nul. C'est le cas typique de la possession aliénante.

L'ambiguïté de ce type de rapport peut expliquer certaines

1. *Rapport général sur l'exercice*, 1977. Direction de l'administration pénitentiaire. Ministère de la Justice.

réactions de surveillants qui arrivent même à revendiquer la « parité avec la population pénale ». Un article tout à fait significatif paru dans *Le Réveil pénitentiaire* : « (...) Le cheval de bataille de tout le monde est la parité avec la police. Pour ma part, je suis pour la parité avec la population pénale et je m'en explique : (...) La bonification d'un an tous les 5 ans comme la police et les administrations ayant un statut spécial, je suis contre et je revendique l'application de la loi n° 72-1226 du 29-12-72, instituant la " réduction de peine ". La bonification de temps pour chaque fonctionnaire sera portée à 3 mois tous les ans et à 7 jours par mois pour les fonctionnaires désirant prendre la retraite anticipée. La nouvelle bonification de temps doit bénéficier aux seuls fonctionnaires qui ont donné des preuves suffisantes de bonne conduite. Elle donnerait au directeur régional la possibilité d'individualiser le sort du fonctionnaire en fonction de son comportement et des efforts qu'il accomplit au cours de sa carrière.

« La parité avec les détenus nous donnera comme avantage : – avec 30 ans de service comme le donne la majorité des juges de l'application des peines : 30 × 3 mois = 90 mois ou 7 ans 6 mois. (...)

« Étant très avantageux pour le personnel pénitentiaire, la difficulté sera de le faire appliquer, assez facilement si vous êtes tous unis et tous solidaires en suivant l'exemple de CEUX avec qui je veux obtenir la parité : maison centrale de Toul par exemple, maison centrale de Nîmes. » L'article continue sur le même ton pour terminer ainsi :

« Ce serait l'idéal pour le personnel, mais après réflexion, je n'inclurais pas cette revendication dans ce projet de statut. La loi concernant la population pénale est déjà décidée et applicable au 1-1-76; je préfère finalement qu'elle ne soit qu'à l'avantage des délinquants, voleurs ou assassins. Qu'ils en profitent et cela afin de leur permettre d'être libérés plus vite et de ce fait de pouvoir, plus rapidement, recommencer à voler et à tuer [1]... »

1. Paru dans *Le Réveil pénitentiaire* d'avril 1976. Publication du personnel pénitentiaire.

V

LES COMPAGNES DE MISÈRE

Face au personnel, nous sommes seules. Face à toute cette machine répressive, nous sommes seules.

Enfermées là, on ne peut vraiment se tourner que vers ses compagnes de misère. Et toute la structure pénitentiaire est là pour empêcher ces contacts.

Tout d'abord, il est paradoxal de parler de relations entre détenues puisque le régime pénitentiaire est fondé, au moins en théorie, sur l'isolement cellulaire. Cet isolement, qui était posé en principe moral (le criminel face au crime, seul, sous le regard de Dieu), est devenu une « protection » pour « l'amendement » des détenues. « Les occasions de contamination des moins mauvais par les pires ne manquent pas[1]. » Le règlement régente minutieusement tous les contacts entre détenues pour éviter la *promiscuité* qui est dénoncée comme un facteur de récidive. Il est stipulé dans l'article D. 88 du Code de procédure pénale que « toutes précautions doivent être prises pour éviter que leur promiscuité n'entraîne des conséquences fâcheuses ». Mais de quelles conséquences fâcheuses s'agit-il? « C'est une des plus anciennes constatations des spécialistes de la psychologie carcérale : les contacts, pratiquement inévitables, entre prisonniers sont presque toujours néfastes. Des deux détenus en présence, le meilleur

---

1. Jacques Léauté, *Les Prisons, op. cit.*

se contamine sans que le pire s'améliore [1]. » Mais si l'on additionne ces constatations « anciennes » et « récentes », l'on se rend compte que l'isolement, s'il est présenté comme un facteur moral et de sauvegarde de la détenue, est aussi et surtout une tactique coercitive. Tactique à double application s'exerçant sur l'individu seul et sur l'individu en tant que membre d'un groupe. Un des objectifs principaux est d'éviter que la population pénale ne développe une solidarité qui pourrait déboucher sur des revendications ou des révoltes collectives. Donc le règlement interne des prisons délimite strictement et dans le détail les rapports entre détenues [2]. Rapports qui vont être littéralement quadrillés. Dans cette optique, toutes les relations qui ne sont pas directement contrôlées par l'administration pénitentiaire vont être brisées.

Les surveillantes apportent un soin spécial, sinon de l'acharnement, à empêcher toute entraide.

Par exemple le règlement stipule : « Toute correspondance entre détenues est interdite (...). Les échanges entre détenues ne sont pas autorisés. » Dans les prisons d'hommes, sauf évidemment dans des périodes très répressives, il arrive que des surveillants servent d'intermédiaires entre les détenus pour les échanges quotidiens nécessaires : livres, revues, cigarettes, nourriture, etc. Au contraire, dans les prisons de femmes les surveillantes refusent, et tout échange ou don étant par principe interdit, elles n'hésitent pas à confisquer ce qu'elles peuvent surprendre, des livres jusqu'aux objets de première nécessité que l'on se passe solidairement entre nous quand une détenue sans argent ne peut « cantiner », les protagonistes sont sanctionnées. Le cas le plus fréquent

1. *Cf.* J. Léauté, *op. cit.*
2. Les revendications collectives sont interdites et donc non recevables. Article 14 du règlement intérieur. « Toute réclamation, demande ou pétition présentée de façon collective est interdite. Elle peut motiver des sanctions disciplinaires à l'encontre de ses auteurs. » *(Art. D. 261* du Code de procédure pénale.)

concerne les cigarettes qui ont une importance capitale en prison : elles ont l'ampleur d'un mythe! Quant à l'enfermement s'ajoute le manque de cigarettes, il en résulte en général des crises de nerfs... La détenue démunie de cigarettes commence à en demander en criant aux cellules voisines. Elle appelle une surveillante par l'interphone pour qu'elle serve d'intermédiaire. La surveillante refuse ou, dans le meilleur des cas passe une cigarette sous la porte, ce qui ne suffit évidemment pas. Le processus est enclenché qui de la crise de nerfs aboutit au mitard.

Alors que j'étais à Fleury-Mérogis, il y a même eu ce cas extrême d'une détenue chinoise, arrêtée dès son arrivée en France et totalement inadaptée au mode de vie occidental. Elle ne supportait pas les repas de la prison et son argent ayant été saisi lors de son arrestation elle ne pouvait rien acheter à la cantine. Donc, en peu de temps elle fut presque réduite à l'état de squelette et couverte de gros boutons. Comme elle ne parlait pas un mot de français, les surveillantes ne faisaient aucun effort pour comprendre ses besoins essentiels. Elle n'avait d'autre soutien que celui des autres détenues qui lui apportaient à la promenade des aliments qu'elle pouvait assimiler (je me souviens qu'elle engloutissait du chocolat et des sardines à l'huile). Les détenues, étant continuellement pourchassées pour l'aide qu'elles lui apportaient, ont fini par demander qu'on lui donne une nourriture appropriée, et principalement du riz. Cela fut finalement accordé car un véritable scandale commençait. (Il faut dire que cela se passait pendant « l'été chaud » de 1974.)

A cette occasion nous avons demandé que les échanges et les dons puissent se faire ouvertement. La directrice refusa, invoquant l'excuse de toujours : la détenue doit être « protégée » contre les autres, qui peuvent exercer un « caïda » ou un chantage (de toute façon, le règlement n'empêche dans la pratique ni l'un ni l'autre). Les confiscations matérielles ne sont que l'aspect le plus immédiatement visible de cette répression de tout geste solidaire entre les détenues. Ce qui importe réellement à la direction, c'est que la détenue se sente isolée et se méfie de ces codétenues.

A cette tactique et à l'attitude des surveillantes se superpose celle d'un bon nombre de détenues qui, prises dans un réseau de chantage pratiqué par l'administration (chantage à la bonne conduite dans le but d'obtenir des avantages, des grâces, des libertés conditionnelles), se transforment en garde-chiourmes tant vis-à-vis d'elles-mêmes que vis-à-vis des autres (ce qui n'est d'ailleurs pas toujours récompensé!). L'autocensure et l'autosurveillance pour mériter la récompense amènent immanquablement à la surveillance des autres et à la délation, érigée ici en principe moral. Ce système renforce l'attitude du « chacun pour soi », difficilement évitable étant donné tous les événements vécus depuis l'arrestation, poussant à l'enfermement sur soi et à la recherche de sa propre sauvegarde qui devient vite obsessionnelle. Donc, si d'une part il y a une recherche de réconfort, de chaleur humaine et d'entraide, il règne d'autre part un climat de méfiance et de suspicion. Et cela non seulement dans la centrale, où la bonne conduite joue pour l'obtention des grâces et de la liberté conditionnelle, mais aussi dans les maisons d'arrêt où la direction informe le juge d'instruction de la conduite de la détenue, et des rapports éventuels qui peuvent être communiqués au président de la cour lors du procès. Il y a aussi un facteur important dans les relations entre détenues en maison d'arrêt, c'est la crainte des indicateurs de police tant que le dossier est en cours d'instruction (la collaboration avec la police peut amener une liberté provisoire et une atténuation des charges pesant sur le délateur).

L'isolement cellulaire et la méfiance ne sont pas les seuls facteurs qui tendent à dénaturer les rapports entre les détenues. Les prisonnières elles-mêmes projettent le schéma traditionnel des idées reçues sur la prison. En général chaque détenue cherche, surtout pendant la détention préventive, à excuser et à minimiser son délit, vis-à-vis d'elle-même comme vis-à-vis des autres : les criminelles sont les autres. De plus, se retrouver en prison est considéré comme « infamant » et ne peut donc s'appliquer qu'aux autres : « Si je suis là, c'est par erreur, par un concours de circonstances étranges ou par injustice. » Chacune attend de son procès la reconnaissance de cette erreur ou la réparation de cette injustice. Alors pour mieux se différencier des autres, des « criminelles », commence tout un processus de critiques et de mépris qui peut aller jusqu'à la haine.

Il convient quand même de noter qu'il y a une différence de comportement entre les détenues primaires et les récidivistes. La détenue primaire qui arrive pour la première fois en prison a déjà une idée préconçue qui lui fait craindre autant l'enfermement que les personnes qu'elle va y côtoyer : des criminelles. Elle va essayer de s'en différencier. Pour cela, elle va tenter de se conformer au schéma traditionnel féminin pour montrer *qu'elle* est une « bonne fille », et elle va tenter de minimiser ou d'excuser son délit en exagérant le délit des autres et en critiquant leur comportement.

Une détenue primaire s'est un jour plainte à la directrice de Fleury de la promiscuité qu'elle devait subir à l'atelier. Elle se disait choquée, bouleversée, par les propos d'une prostituée qui y travaillait. Elle se sentait « souillée » (disait-elle), par ce contact qui lui révélait des réalités qu'elle ignorait [1].

Les récidivistes ont un comportement différent. A leur arrivée en prison elles sont tout de suite intégrées dans un univers qui leur est familier. Elles connaissent la plupart de leurs codétenues; les surveillantes les saluent d'un « alors, vous voilà revenues! ». Elles ne cherchent pas à se démarquer des autres détenues mais au contraire à s'intégrer à leur groupe. Elles ne minimisent pas leur délit mais fréquemment l'exagèrent.

En revanche, ce qui est commun aux primaires et aux récidivistes, c'est la discrimination en fonction des délits. Dès le début il s'opère une classification de l'arrivante suivant son délit. Certains sont très mal considérés par les détenues comme par les surveillantes et les religieuses. Une ségrégation

---

1. Ce comportement est encore plus évident quand il s'agit d'un délit « inavouable » comme « mauvais traitement à enfant » ou un meurtre particulièrement horrible. La détenue raconte alors avec force détails les crimes des autres, les présentant plus horribles encore. Et vous êtes toute étonnée d'apprendre ensuite qu'elle-même est là pour des faits semblables.

évidente frappe les auteurs de « mauvais traitements à enfants [1] », tandis que les « braquages » et les vols qualifiés sont en général bien considérés parmi les détenues [2].

Pour les délinquantes, les « toxicomanes » sont très mal vues et même méprisées. Les femmes des « gros bonnets » du milieu sont très respectées et même craintes. Il y a évidemment une classification en fonction de l'argent que l'on a. Une détenue riche, bien habillée, est mieux considérée qu'une détenue pauvre et sans relation, et cela tant par la direction de la prison ou les surveillantes que par les autres détenues. Le niveau culturel a également son importance étant donné que la majorité des détenues sait juste lire et écrire (54,26 % en 1976) et que les surveillantes ont un niveau d'études du C.E.P.

Chacune transporte dans ce monde clos les notions morales courantes dont les clichés sont confirmés par la lecture quotidienne attentive des revues et journaux à grand tirage [3]. Tout est organisé pour renforcer les critères officiels de jugement. Le comportement en prison n'étant que le prolongement de l'attitude générale à l'extérieur, la direction prend soin d'entretenir, de tirer profit de tous ces facteurs.

Les détenues établissent donc une hiérarchie là où il semble absurde qu'il y en ait une, s'appliquant à elles-mêmes les méthodes des juges, contre lesquelles elles devraient logiquement se dresser. Tous ces facteurs négatifs limitent leurs rapports, renforcent leur isolement et rétrécissent encore leur cercle d'évolution dans ce monde déjà fermé, réduisant considérablement leurs possibilités d'action et de défense.

De plus, la direction repousse sciemment toutes les activités de groupe qui pourraient favoriser une prise de conscience collective des prisonnières. Les quelques rares activités de

---

1. A Rennes, 14,64 % des détenues sont condamnées pour ces délits.
2. Ces délits ont pratiquement doublé d'importance chez les femmes : 17,3 % en 1963 contre 32,31 % en 1976.
3. *Détective, Le Parisien libéré, Marie-France,* sont les journaux les plus lus par les détenues...

groupe sont des activités sportives, dans les prisons qui possèdent un terrain de sport pour les femmes et un personnel d'encadrement sportif.

A la MAF de Fleury il y a un terrain de volley-ball et un terrain de basket-ball. Ces jeux, au moment où j'étais prisonnière, étaient populaires parmi nous. Peu à peu s'était développé ce que l'on appelle un « esprit d'équipe », qui déborda le terrain de sport.

Pour le volley-ball, contrairement aux autres activités, les détenues des différentes sections (toxico, garçonnes [1], primaires, etc.) étaient ensemble, ce qui mit un terme à la discrimination des sections entre elles. Cela facilita aussi la circulation des informations sur ce qui se passait dans les différentes divisions de la prison, contrariant fortement le personnel qui joue sur le mystère et l'ignorance.

Ces rencontres de volley-ball ont commencé à prendre de l'importance dans la vie des détenues qui s'y sentaient intégrées à un groupe, à un groupe solidaire (par exemple, les deux équipes de volley se sont assises par terre sur le terrain pour protester et demander la réintégration dans l'équipe d'une détenue privée de sport – punition courante). La direction a commencé à compliquer ces rencontres sous divers prétextes jusqu'à les supprimer pendant une période pour ensuite réorganiser les équipes. Il fut décrété que les équipes devaient être composées par « division », que pour en faire partie il fallait déjà savoir jouer, ce qui limitait le nombre des candidates et ainsi il n'y avait pas assez de joueuses par division pour former une équipe. Il fut interdit de se reposer le long du terrain. Si vous étiez fatiguée vous deviez rentrer en cellule, cela pour éviter les conversations...

L'explication est toujours la même. Mais la véritable crainte de la direction est une possible prise de conscience des

---

1. Il y avait à Fleury une division spéciale dite « groupe des garçonnes », puis « groupe G », où étaient isolées les détenues reconnues homosexuelles. Mais y étaient aussi les proxénètes et tenancières de bar-hôtel (louches). Ensuite ce groupe s'est appelé « groupe S » (sécurité). Il reste toujours isolé des autres.

détenues et son souci majeur reste d'isoler et de diviser une population finalement « sans défense ».

Mais (heureusement il y a un MAIS)...

« On peut tout de même dire que le bon moment de la journée, c'est la promenade. Le moment où l'on peut rencontrer les autres [1]. »

Nous avons toutes besoin d'affection, de soutien, d'amitié. Ce qui explique que malgré le règlement, le chantage, les pressions de toutes sortes, il y a des tentatives de rapprochement, des mouvements de solidarité, des amitiés profondes.

J'ai personnellement vécu cela et c'est le seul souvenir heureux que je garde de mon séjour en prison.

Le personnel se plaît à répéter : « Méfiez-vous! Une telle est menteuse, une telle est hypocrite, une telle est intéressée! Vous verrez quand elle sortira, elle vous oubliera! » ou, comme disait la directrice à qui voulait l'entendre : « Les détenues sont versatiles. »

Comme on ne peut généraliser ni dans un sens ni dans l'autre, je dirai donc que j'ai connu des *exceptions,* des exceptions en *grande quantité!*

Quand j'étais à Fleury, il y avait une entraide effective entre les détenues dites « toxicos » (« toxicomanes », division qui regroupait les détenues relevant de la législation sur les stupéfiants, trafic et usage). Cette entraide allant de l'affection et du soutien quotidien jusqu'à la cotisation permettent de payer de gros frais de douane. Celles qui étaient libérées ont continué pendant plusieurs années à apporter un soutien moral et matériel à celles qui restaient encore en prison. A leur sortie elles ont continué à se voir et à se soutenir. La plupart de ces détenues étaient américaines ou anglo-saxonnes, et l'on m'a souvent dit que ce genre de comportement était exceptionnel, mais j'ai connu d'autres détenues, françaises, qui ont eu la même relation. Je vois régulièrement une bonne dizaine d'anciennes détenues qui sont restées en contact tout au long de ces années, et nous avons des rapports affectifs et solidaires authentiques.

---

1. Phrase qui ressort de tous les souvenirs de détenues!

On me dit aussi que 1974 était une année exceptionnelle. Effectivement, l'ambiance n'était pas « ordinaire », dans aucune prison d'ailleurs.

Pour nous, à Fleury, à part les échos des médias, « l'ordinaire » a cessé avec une décision collective : celle d'un mouvement de solidarité avec les autres prisons qui s'étaient révoltées : nous avons décidé de rester dans la cour après la promenade, pour faire une heure de sit-in. Nous avons prévenu la surveillante-chef à la fin de la promenade. Au départ nous ne savions pas combien d'entre nous tiendraient la décision. Mais au moment de rentrer, la majorité de la division resta dans la cour. Nous étions contentes, nous nous embrassions. Une jeune « mineure » monta sur le toit, surtout pour le plaisir mais avec l'intention de regarder dans la cour voisine si les « récidivistes » étaient restées elles aussi. Elles avaient refusé de rentrer! C'était la joie. Quelques mineures rejoignirent la première sur le toit. Malgré nos efforts elles ne voulurent pas redescendre et elles commencèrent à faire des signes aux mutinés de la prison voisine.

Les C.R.S. envahirent la prison, un peloton vint dans la cour nous entourer et nous enjoindre de rentrer. Nous avons essayé de parlementer, mais ils ne voulaient pas de discussions et nous donnèrent le choix : rentrer de gré ou de force! Devant la disproportion des moyens, nous sommes rentrées « volontairement », poussées énergiquement par les boucliers des C.R.S.! Du côté des récidivistes, elles refusèrent d'obtempérer et restèrent assises dans la cour. Les membres des « forces de l'ordre » les traînèrent donc par les pieds, les cheveux, jusque dans les cellules.

Une détenue était restée sur le toit et refusait de descendre. Le cirque commençait! Quel pied de nez gigantesque! Elle avait seize ans et beaucoup d'espièglerie. Des renforts arrivèrent et il fallait voir les C.R.S. bardés et casqués, avec des échelles, des couvertures, et la petite silhouette sur le toit leur faisant des grimaces, les insultant et menaçant de se jeter du haut du toit s'ils montaient! L'un d'eux monta et se cacha derrière une cheminée pour la saisir au passage. Nous faisions toutes force gestes et tapage pour la prévenir et finalement elle resta là-haut, jusqu'à ce que le directeur aille la chercher personnellement en promettant de ne pas la punir.

C'était le 28 juillet 1974. 22 primaires et 24 récidivistes étaient restées dans la cour. Un peu plus du tiers des détenues. Cela ne s'était jamais vu de mémoire de surveillante!

Le personnel de surveillance se mit en grève le 31 juillet, suivant le mouvement général de revendication pour la revalorisation des statuts du personnel pénitentiaire. Il n'y eut ni promenades ni mouvements en détention. Nous restions enfermées vingt-quatre heures sur vingt-quatre. Le 1er août les C.R.S. envahirent les toits, armés de mitraillettes. Ils y restèrent jusqu'à la fin de la grève des surveillantes, sous les injures continuelles des détenues.

C'était une ambiance curieuse, toutes les détenues communiquaient par les fenêtres en se passant toutes sortes de choses, livres, nourriture, en balançant le tout dans de petits paquets au bout d'une ficelle. A partir du deuxième jour de grève les gardiennes assurèrent une heure de promenade, et le directeur nous fit personnellement une distribution de cigarettes. Comme il n'y avait plus de « cantine », nous sortions un peu de tout ce que nous avions en cellule pour participer aux échanges et distributions pendant la promenade. Les surveillantes ne disaient rien puisqu'elles étaient en grève!

L'ambiance des promenades avait changé. Nous restions en groupe, nous discutions beaucoup, nous étions plus unies. Cela dura jusqu'au soir du 3 août. Les surveillantes reprirent « le travail », et la prison rentra dans la routine, à nouveau. La direction reçut des lettres de « revendications » de nombreuses détenues, qui allaient de la demande de « pommes chips » à la cantine (accordée par la suite) jusqu'à la demande de libre circulation des détenues dans les divisions et fermeture des portes des cellules uniquement la nuit (refusé, évidemment).

Finalement cette expérience modifia les relations entre détenues dans l'ensemble de la prison, et nous sommes restées solidaires.

Avec le temps et le renouvellement de la population,

l'atmosphère a changé, la situation a été progressivement reprise en main par le personnel. Mais quand même, un petit quelque chose s'est perpétré chez les détenues, un petit quelque chose comme un éveil de conscience collective? C'est à suivre...

Au départ, la solidarité entre détenues n'est pas acquise. Chacun pour soi, comme l'ensemble de la population à l'extérieur, ni plus ni moins. Mais il suffit de circonstances particulières pour que la spontanéité éclate et que chacune se révèle. C'est cela que la direction et l'administration pénitentiaire craignent le plus et cherchent à éviter. L'expression de la liberté. Interdite en prison, comme on peut s'en douter!

Mais enfin, comme le dit l'inquisiteur Eymeric : « Dans certains cas on fixe à l'hérétique repenti la ville pour prison [1]. »

---

1. *Cf. Manuel des inquisiteurs* de Nicolau Eymeric, XIVᵉ siècle.

VI

DU MYTHE DE L'HOMOSEXUELLE

« Ça a été un choc pour moi de voir la force, la tendresse et le courage de ces femmes, et de découvrir, eh bien, que je suis une femme aussi. Je n'en avais simplement jamais eu l'occasion. »

Marguerite dans *Women in prison* par KATHRYN WATTERSON BURKHART [1].

Quand on dit que l'on a été en prison, la première réaction est généralement l'effroi : avoir été parquée au milieu de délinquantes, de prostituées, de voleuses, de meurtrières... avoir côtoyé ces femmes effroyables! Il y a un imperceptible recul du regard des autres, des « braves gens ».

Rien qu'avec des femmes... criminelles et sûrement vicieuses...

Le mythe de l'homosexualité surgit toujours quand on commence à parler des relations entre détenues ou des rapports des détenues entre elles. Ambiguïté des expressions ou certitude des idées toutes faites?

De toute façon la prison évoque, en plus de tout un fatras de clichés, l'absence totale de sexualité « normale » (encore faudrait-il se poser la question de ce que représente la vie sexuelle « normale » des femmes « libres »...).

« La frustration sexuelle se pose de deux façons différentes

---

1. *Women in Prison,* Popular Library, New York.

(en prison). Ou on est en présence de femmes qui ont eu une sexualité inexistante, avec un bonhomme qui les utilisait aussi souvent qu'il le souhaitait, dans des conditions particulièrement insatisfaisantes, ou de femmes pour qui la sexualité est un sujet tabou, qui sont terriblement inhibées et pour qui l'absence de sexualité est presque un soulagement. Soit on est en présence de femmes qui ont eu une sexualité plus ou moins satisfaisante, pour qui la sexualité, ça existe tout de même. Privées de toute affectivité par les structures cellulaires, ces femmes, contrairement aux premières, établissent des rapports plus affectifs, plus privilégiés avec les autres détenues. Cette affection n'a cependant que peu de moyens de s'exprimer. Quant à reconnaître qu'il pourrait s'agir de désirs sexuels, c'est autre chose. (...) Elles parlent éventuellement de la sexualité dont elles sont frustrées mais s'imaginent mal devenir homosexuelles. C'est encore pour elles quelque chose d'interdit, ce n'est pas une forme de sexualité honnête. Elles ont des normes bien précises dans le domaine sexuel. (...) Il y a chez beaucoup de détenues des normes morales très strictes [1]. »

En prison, seule, rejetée, punie, ce qui est le plus ressenti c'est cette impossibilité à aimer et à être aimée au présent. Au moment où vous souffrez, vous avez besoin d'un contact avec les autres, d'un échange affectueux.

A l'extérieur, en « liberté », on a une grande variété de sujets sur lesquels projeter ce besoin d'affectivité. Dans les prisons de femmes (où il n'y a pas d'hommes en vue), où vous n'êtes pas distraite du problème par une activité, vous projetez inconsciemment cette affectivité sur les sujets visibles autour de vous, donc sur d'autres femmes. Cela est d'autant plus évident que le séjour se prolonge, que vous êtes coupée du monde extérieur.

Selon les cas cet échange affectueux est amical, filial, amoureux.

« Quelques amours homosexuelles, cependant, fleurissent

1. C. Legay, C. Erhel, *Prisonnières*.

vraiment en prison, comme un pied de nez au règlement et au rigorisme carcéral; mais c'est extrêmement rare [1]. » L'homosexualité, en prison comme à l'extérieur, est poursuivie. C'est d'ailleurs une des obsessions des surveillantes et de la direction. Les homosexuelles « déclarées » sont isolées dans une section spéciale (le groupe S), et leurs contacts avec les autres détenues sont « traqués ». Elles-mêmes souvent agissent par provocation en interpellant les autres détenues, protestant ainsi consciemment ou inconsciemment contre cette ségrégation.

Cependant, ce problème tabou commence à être discuté ouvertement. Il est significatif que le journal des détenues de Rennes : *Pénélope* [2], ait abordé le sujet de l'homosexualité, dans le n° 8 sept.-oct. 80 :

« Il y a bien longtemps que nous avons, nous autres pénélopes, émis l'idée de traiter ce sujet " amour sexualité ", mais notre journal étant tout neuf et nos regards encore étrangers, il nous paraissait difficile de parler avec toute la confiance requise, toute la sincérité, toute l'authenticité, de parler entre nous d'abord et à vous ensuite de ce lieu intime et secret, de ces forces en nous, de ces pulsions, de ces choix et de ces souffrances obscures.

« (...) Nous pensons qu'il n'est pas nécessaire de préciser une fois de plus l'optique de *Pénélope* qui ne refuse pas de considérer avec le maximum d'authenticité tous les aspects de cette sexualité en souffrance – homo-hétéro – nous ne sommes pas une tribune pornographique, nous détesterions surprendre à travers nos murs le sourire ambigu des voyeurs en quête d'excitation malsaine. (...) Si nous vous confions aujourd'hui ces pages plus personnelles, plus intimes que les précédentes, c'est que nous considérons le problème de la sexualité à Ithaque comme un problème essentiel qui affecte l'entière personnalité de chacune d'entre nous et la met en péril. C'est que pulsion de mort et pulsion de vie sont inéluctablement liées à des désirs frustrés ou reconvertis. C'est que nous

---

1. *Cf. Prisonnières,* Legay-Erhel.
2. Édité au centre de détention de Rennes, distribué à l'extérieur sur abonnement.

désirons réveiller les consciences d'autres femmes, et leur faire ressentir nos morts et nos luttes quotidiennes, et que ces mêmes petites Pénélopes qui vous feront sourire à certaines anecdotes, se heurtent chaque jour à la pire des souffrances, VIVRE, HABITER, ASSUMER UN CORPS AUQUEL LE LANGAGE D'AMOUR EST INTERDIT. »

On découvre, tout au long des articles des détenues, comme le dit précisément l'une d'elles : « Le besoin intense et absolu de tendresse, la tendresse qui est synonyme de vie, d'amour et d'affection. »

Un dérivatif à ce manque devient vital. « (...) Ces jeux ne vont jamais bien loin, ni sur le plan physique, ni sur le plan moral. Je connais peu de couples dont l'échange atteigne à l'authenticité d'un amour et dans ces cas-là, l'une ou l'autre était déjà lesbienne à l'extérieur. Mais les autres, quelle détresse révèle cette superficialité du dialogue, du contact, du regard; ces partenaires de quelque temps avec qui l'on se montre pour pouvoir exister grâce au regard des copines, exister en tant qu'être humain, puisqu'un humain ça aime, ça recherche l'accouplement. (...) On ne peut pas survivre sans la tendresse, à moins de devenir un monstre frigide, on ne peut pas passer des années sans tenir une main, sans poser la tête sur une épaule... » (« Mutantes ou actrice, Lebos en Ithaque... » signé Nadja.)

Ce qui est clair, c'est que tant que les coutumes amoureuses dans la cité continueront à être ce qu'elles sont, l'homosexualité et même ce simple besoin d'affection et de contact des corps, sera considéré comme un problème et dans certains cas comme une tare.

« Des murs qui m'entourent, une porte fermée, une grille à la fenêtre, l'obscurité qui est tombée. Ce soir, je ne peux entendre la musique, je ne peux pas lire, je ne peux rien faire, je pense à toi. Toi qui es loin de moi, loin derrière ces murs qui nous séparent. Les yeux perdus dans le vide, une tristesse infinie m'envahit, une souffrance inexplicable pour qui ne la connaît pas. (...) J'enfonce mon visage dans l'oreiller pour ne pas crier, pour ne pas courir à la porte et frapper, frapper, pour ne pas hurler que j'ai besoin de toi (...) et comme chaque fois je sens la haine monter en moi, je hais ces murs, ces portes, ces grilles, je hais la vie parce que tu n'es pas là, je hais tout ce qui empêche notre amour de vivre, ce qui nous empêche de vivre tout simplement. (...) Les heures passeront, je finirai par m'endormir, m'endormir avec le cœur et le corps qui saignent (...). Combien de temps saurai-je supporter cette souffrance? Combien de temps saurai-je lutter contre la folie, contre la destruction? » (« Le droit d'aimer ou la folie et la mort », signé Maryse.)

VII

POUR FINIR : RENNES

Rennes, la chape de plomb! On a l'impression d'y être enterrée vive...

Dès le moment où l'on est condamnée, on attend le « transfert », presque le « finistère »...

Vous savez que vous pouvez être réveillée un matin, à l'improviste, à 5 heures : « Préparez vos affaires, vous êtes transférée. »

Les liens que vous avez précautionneusement tissés tout au long de la détention préventive, se brisent là, sur ce mot : Rennes. Il n'y a pas de place pour des adieux. Vous pouvez tout juste alerter vos voisines de cellule en criant : « Je suis transférée! prévient telle et telle. » Et vous savez qu'à la promenade du matin ce sera la première nouvelle pour celles qui restent : « Elle a été transférée à Rennes! » Les regards se croiseront, se fuiront, en silence.

On vous emmène en fourgon cellulaire à la gare. On vous enchaîne par les poignets, deux par deux ou à la file. Lors des transferts au Palais de justice, les femmes généralement ne sont pas enchaînées. Là vous traversez la gare, en file, comme au « bon vieux temps » des déportations au bagne! Escortées de gardes mobiles en armes, d'une surveillante, vous gagnez le compartiment retenu par l'administration.

Le voyage est silencieux. Personne n'a le cœur à parler. Personne n'a faim pour le casse-croûte habituel. Les regards sont fixés sur la fenêtre où défile le paysage.

« Ce transfert est la concrétisation de ton jugement. Tu as vraiment l'impression d'être blessée, blessée physiquement. »

A l'arrivée à Rennes, un fourgon attend. Premier contact avec la centrale : une grosse porte, de vieux bâtiments. Un vrai couvent. Après le greffe on traverse la « cour d'honneur » avec ses arcades (que l'on ne reverra plus par la suite). Il règne un silence total, où flotte une odeur de désinfectant.

On nous donne une cellule au « quartier d'observation », qui est en fait un quartier d'isolement [1] : seule vingt-quatre heures sur vingt-quatre, même en promenade. Seul contact « humain » : le personnel de surveillance et l'éducatrice. Une fois que l'on vous a « observée » un certain temps (jusqu'à trois mois), l'on vous « classe » : centre de détention ou centrale [2].

Alors vous déménagez pour votre nouveau « quartier ». Après le silence de « l'accueil » on découvre l'autre univers : une fourmilière. Et l'on rencontre enfin les autres détenues, on cherche celles que l'on a connues à Fleury. Elles sont différentes, dans leur allure, leur comportement : comme si quelque chose s'était cassé.

« Le poids de la peine », comme on dit. Et surtout, la conscience que c'est la dernière étape du processus de destruction des prisonnières, que le système carcéral a mis en marche dès la maison d'arrêt. Combien pourront échapper à cette mort lente et préméditée?

« En tant que femmes », n'oublions pas que la centrale de Rennes nous est destinée...

Laquelle d'entre nous peut être certaine de ne pas se retrouver un jour entre ces murs, tant qu'ils seront là comme expression d'une Justice qui continue à prétendre « guérir les maux » sans s'attaquer aux causes sociales qui les produisent?

1. La phase d'isolement était de trois mois minimum en 1974. Depuis les réformes, il y a eu un assouplissement mais son application dépend du comportement des détenues et de la décision de la direction.
2. Au centre de détention, on peut bénéficier d'une première permission au tiers de la peine. A la centrale, il faut attendre d'être à moitié peine.

La prison
vue de l'extérieur

Natacha Duché

I

PRÉSENTATION

Souvent, je me pose la question : « Pourquoi suis-je devenue visiteuse de prison? » Sans doute parce que j'ai connu une existence chaotique et instable, sans cependant mener une vie totalement marginale.

Mes parents étaient des Russes blancs, réfugiés en France au moment de la révolution, juifs et issus d'un milieu bourgeois.

Fille unique, j'ai mené une vie double et imprécise. Franco-russe dehors-dedans. J'ai toujours beaucoup lu et j'ai naturellement commencé par la littérature russe. Très sensibilisée aux problèmes sociaux chers à Tolstoï, Dostoïevski, Gogol, Tchekov et bien d'autres, je fus aussi du temps de mes premières lectures fortement marquée par *La Case de l'oncle Tom,* et c'est ce livre qui fit naître en moi la haine du racisme sous toutes ses formes.

Notre fuite de Russie a duré deux ans. Nous avons parcouru la Mésopotamie, la Perse à cheval, et les Indes, dans des conditions particulièrement difficiles et parfois rocambolesques.

Je ne savais pas du tout en arrivant en France ce que pouvait être une vie stable et régulière, un appartement normal sans valises ouvertes dans tous les coins, prêtes pour un départ précipité. Je ne savais pas ce que l'on pouvait faire avec de vrais jouets et je n'avais jamais mangé de chocolat. En revanche, j'avais déjà entendu un certain nombre de fusillades et vu quelques pendus.

J'étais très jeune, mais j'avais déjà compris ce qu'était la peur. J'avais ressenti le goût de la faim, et j'avais appris à me sentir à l'aise partout, mais nulle part chez moi.

En arrivant en France, mes parents avaient un peu plus de moyens que la plupart des réfugiés. Les premières années de notre vie à Paris furent aisées, mais peu à peu ils se trouvèrent pratiquement démunis et je connus la grande fauche. Toute ma vie d'ailleurs, je passais ainsi par des hauts et des bas auxquels je me suis toujours bien adaptée.

Vint la guerre. J'étais française par mariage. Auparavant j'étais apatride. Mes parents m'avaient toujours parlé avec reconnaissance et chaleur de l'accueil que faisaient les Français aux réfugiés politiques. Tout de suite je me sentis solidaire, concernée, et je m'engageai comme ambulancière. Je n'eus cependant pas l'occasion d'être très utile, et le 18 juin 1940 je me retrouvai par miracle en zone libre.

Avec un groupe d'ambulancières, je décidai de former une équipe destinée à porter des colis aux prisonniers de guerre. Pour cela je me rendis à Marseille afin d'y rencontrer les autorités compétentes, en l'occurrence un certain général dont je ne me rappelle malheureusement pas le nom. Mes projets lui plurent et tout semblait arrangé lorsqu'il me demanda, sur un ton presque badin : « Bien entendu, vous n'êtes pas juive? » A ma réponse affirmative le général répondit, sans aucune gêne : « Je regrette, mais dans ce cas votre projet n'est pas réalisable! » Cela se passait en août 1940, j'avais vingt-six ans et je n'avais jamais eu à faire face à un problème d'antisémitisme.

Ce que je ressentis alors est très difficile à décrire. Tout d'abord je ne compris pas ce qu'il voulait dire. Je savais bien que les juifs étaient persécutés en Allemagne, mais cela, pour moi, était absolument abstrait. Je me rends compte qu'en l'avouant je donne un peu plus de crédit à ceux qui prétendent n'en avoir rien su.

Pour moi, être juive ne voulait rien dire. Mais à ce moment-là je me suis sentie devenir brûlante de honte et de rage. J'ai eu l'impression que les regards de tous ceux qui étaient présents se braquaient sur moi et exprimaient un horrible sentiment de commisération. Je sortis de la pièce sans dire un mot, dévalai les escaliers et me retrouvai dans la rue.

J'étais réveillée, réveillée pour toujours.

Comme beaucoup d'autres, je servis de « boîte aux lettres » pour la Résistance, dans le midi de la France où je vécus quelque temps. Et c'est là, le 27 juillet 1942, que je subis le choc le plus violent de ma vie. Par une carte expédiée de Drancy signée de mon père, j'appris que mes parents avaient été arrêtés au moment de la grande rafle des juifs étrangers en zone occupée, et qu'ils allaient être déportés. Je ne devais plus les revoir.

Plus jamais je ne fus la même. Insouciance et plaisir disparurent pour longtemps de mon univers.

En décembre 1942 je quittais la France pour le Maroc, via Andorre et l'Espagne. Mon départ fut organisé par deux hommes bien différents, l'un et l'autre mais qui faisaient tous deux partie de la Résistance. L'un était un malfrat de Marseille et l'autre consul du Danemark dans cette même ville. Par la suite, ce dernier fut arrêté et déporté. Quant au premier, « Bébert le balafré », il fut, comme moi, arrêté dans le train de Puigcerda-Barcelone, et détenu quelque temps à Miranda avant de retrouver son pays natal, l'Algérie.

C'est ainsi que je connus la prison. Ma détention ne fut ni très longue ni très éprouvante : trois semaines. Mais elle me permit de mieux comprendre l'horreur de toute privation de liberté, si précaire soit-elle.

Après ma sortie de la Carcel Modelo de Barcelone, je demeurai quelque temps à Madrid où je vécus avec de faux papiers, que je gardai d'ailleurs jusqu'à mon arrivée au Maroc. Je connais bien à présent l'importance et la valeur de la carte d'identité, du permis de séjour et de la carte de travail.

Quand je suis revenue à Paris, peu avant la fin de la guerre, j'ai retrouvé une ville sinistre. Ma famille et la plupart de mes amis avaient disparu tragiquement...

J'ai commencé par recréer une cellule familiale, refaire des amitiés précieuses, mais je vécus des années comme si j'étais en sursis. J'avais du mal à comprendre et à admettre, et même à me pardonner, d'être passée « au travers ». J'avais l'impression d'avoir une dette, une très lourde dette, mais je n'aurais pas su dire exactement envers qui.

Quand ma fille devint adulte, et que je me retrouvai disponible, libre de mon temps, sans métier, sans responsabilités, j'ai réalisé que j'avais de grandes facilités de contacts avec les êtres, quels qu'ils soient. Je cherchai alors tout bêtement une occupation « utile »...

Je commençai par m'occuper de quelques jeunes prédélinquants, c'est-à-dire à la limite de la prison. Je devins pendant un certain temps le garde-fou de deux jeunes filles martiniquaises avec lesquelles j'avais été mise en contact par le juge pour enfants. J'étais sensée les aider, être pour elles une sorte de bouée de sauvetage. Elles pouvaient me joindre jour et nuit.

C'est ainsi que je me retrouvai dans quelques hôpitaux et quelques commissariats de police où j'allais récupérer mes protégées après une bagarre ou une séance de saoulographie. L'une d'elles finit par mettre au monde un enfant qu'elle ne souhaitait pas. L'autre échoua à la Petite Roquette, qui existait encore à cette époque.

Mon efficacité me semblait douteuse. J'eus l'occasion de participer à quelques réunions de l'Association de défense des droits des détenus, créée par Dominique Eluard, Michel Foucault et Claude Mauriac. J'y rencontrai quelques anciens détenus, et j'appris qu'il existait une occupation bénévole : visiteuse de prison. Je ne savais pas ce que cela représentait. Je me voyais déjà, comme l'on dit souvent et stupidement (puisqu'il est interdit de faire entrer quoi que ce soit dans une prison), apportant des oranges à des prisonniers.

Je fis les démarches nécessaires afin d'être nommée « visiteuse de prison ». Dès que je reçus ma carte de visiteuse, je fus convoquée au grand quartier de Fleury-Mérogis, chez le directeur M. Campinchi. Celui-ci me reçut très aimablement. C'était un homme fort courtois, qui avait une très bonne réputation auprès du personnel et des détenus. D'ailleurs certains de ces derniers continuaient à lui écrire après leur libération, ce qui est très rare.

Je ne peux pas dire que M. Campinchi ait été très précis sur ce que j'aurais à faire. Il se borna à me demander quelle catégorie de détenus je voulais rencontrer. Étant donné que pour certaines raisons administratives je ne pouvais pas, paraît-il, m'occuper des femmes, j'optais pour les mineurs. Il me posa alors cette question : « Est-ce que vous préférez voir des Français, des Noirs ou des Arabes? »... Il avait oublié les juifs! J'étais interloquée : « Pourquoi me demandez-vous cela, Monsieur? Personnellement cela m'est totalement indifférent! » Il me répondit : « Il y a des visiteurs qui ne veulent pas voir des Arabes, des Noirs ou des Jaunes! »

C'est ainsi que je me suis occupée des mineurs, avant d'être définitivement nommée chez les femmes.

Je ne peux pas dire que je me sentais particulièrement détendue le jour où j'ai pénétré pour la première fois à l'intérieur de la maison d'arrêt de Fleury-Mérogis. Le sentiment qui prédominait en moi était la gêne, presque la honte. La gêne de me sentir libre en ces lieux d'enfermement. Durant la visite très superficielle que me fit faire un sous-directeur, je me suis sentie affreusement mal à l'aise.

Quand je croisais des détenus dans un couloir, je prenais soin de les regarder droit dans les yeux, espérant ne pas paraître marquer le coup de cette différence qu'il y avait entre eux et moi. Je craignais, cependant, ce qui pouvait se lire dans mon regard, car tout en éprouvant cette gêne insurmontable, je ne voulais laisser paraître à aucun prix ce sentiment défendu, haï, dépassé : celui de la pitié.

A la date fixée lors de mon entretien avec M. Campinchi, je me rendis au centre des jeunes de Fleury-Mérogis.

En arrivant, à l'entrée du bâtiment, je déposai ma carte de visiteuse entre les mains d'un surveillant. Mais pas en main propre : cela aurait été trop simple. Je posai ma carte sur le petit guichet extérieur, et le surveillant vérifia que mon nom se trouvait bien inscrit sur la liste des visiteuses agréées. C'est seulement alors qu'il mit en marche le dispositif de sécurité qui actionnait la lourde porte d'entrée [1].

Une fois à l'intérieur du bâtiment, je remis à un autre surveillant mes permis de visite. Il vérifia à nouveau si j'avais bien l'autorisation de voir les personnes que je demandais. Puis, il inscrivit mon nom, celui du détenu et l'heure de ma visite sur un nouveau registre. Tout cela prit un certain temps, bien entendu. Munie de mes permis, je montai au premier étage, où, une fois de plus, je remis à un autre surveillant mes permis déjà visés à la porte d'entrée. Je signai un registre réservé à cet usage, et j'y inscrivis aussi le nom des détenus que je venais voir. Pour finir, je fus introduite dans un petit bureau, le même que celui où les avocats rencontrent leurs clients, et c'est là que je fis, enfin, la connaissance de mon premier prisonnier [2].

Je m'étais souvent demandé comment j'allais engager, pour la première fois, la conversation avec un ou une détenue. Je savais déjà que, la plupart du temps, ils ne savaient pas du tout ce qu'était une « visiteuse » de prison. Je commençais donc par me situer... en leur expliquant que j'avais moi-même connu l'incarcération, et pour quelles raisons. J'eus ainsi l'impression d'être mieux « reçue ». Depuis lors j'ai toujours procédé de la même manière.

1. Pendant près de six ans je suis venue à Fleury-Mérogis, au moins une fois par semaine. Tous les surveillants me connaissaient très bien de vue, mais les rares fois où j'avais oublié ma carte il m'a fallu attendre le feu vert de la direction pour entrer.

2. Il arrive que l'on doive attendre une demi-heure et parfois davantage, pour que le détenu soit amené au parloir. Ceci indispose parfois les visiteurs et les avocats qui doivent passer par le même processus. Cela laisse les surveillants parfaitement indifférents...

II

UNE JOURNÉE DE VISITEUSE

Je m'occupai du centre des mineurs pendant trois ou quatre mois, puis, sur ma demande, je fus nommée à la maison d'arrêt des femmes de Fleury-Mérogis, la MAF.

Quand la directrice me fit visiter l'intérieur de la détention, je fus encore plus gênée que lors de ma visite au C.J.D.[1]. Chez les mineurs je n'avais pénétré qu'au parloir, où je me trouvais pour motifs para-professionnels, je n'y étais pas « en touriste », tandis qu'à la MAF, je circulais, je « visitais » les lieux en tant que « voyeuse » curieuse, et cela était parfaitement inconfortable. J'ai appris plus tard, au cours de mes entretiens avec des détenues à quel point elles haïssaient ces groupes d'éducateurs, d'élèves magistrats qu'elles rencontraient parfois le long des couloirs et qui souvent ne se gênaient pas pour les regarder en bêtes curieuses. Ce sentiment de gêne que j'ai éprouvé, je l'ai toujours ressenti lorsque je quittais le parloir, mon attaché-case à la main, prête à affronter le monde extérieur, ce monde dont elles rêvent toutes[2].

1. Centre des jeunes délinquants.
2. Certaines détenues ne manquent pas d'humour et me disaient parfois : « Vous nous emmenez avec vous? » et elles riaient! D'autres, l'hiver, quand il y avait des risques de verglas, me disaient « conduisez prudemment! », où encore, si j'avais mauvaise mine : « prenez soin de vous, reposez-vous », ce qui me remplissait, pourquoi ne pas l'avouer, d'attendrissement et de mauvaise conscience.

C'est à la MAF que je pris réellement conscience de mon « rôle », et que j'ai été pour la première fois confrontée aux vrais problèmes, et aux situations complexes qui en découlent.

Les détenues, qui sont demandées par les visiteuses et les avocats, arrivent par une porte munie d'un œilleton, que l'on ouvre seulement lorsque celle donnant sur la sortie des visiteurs est refermée. Avant de pénétrer dans le parloir, les détenues sont introduites dans des petits réduits dans lesquels elles doivent se déshabiller pour être fouillées. Elles subissent la même opération au moment de leur départ du parloir. La surveillante leur confisque leur paquet de cigarettes et leur boîte d'allumettes, afin qu'il ne soit pas possible d'y introduire quoi que ce soit lors de leur entretien. Tout cela leur est rendu après la fouille du départ [1].

J'attends mes « clientes » dans une grande pièce sur laquelle donne une dizaine de boxes meublés d'une table et de deux chaises, réservés aux avocats, aux visiteurs de prison, à ceux qui ont droit à des « parloirs libres », où visiteurs et visités ne sont pas séparés par un dispositif de sécurité. Ces boxes sont munis de portes vitrées afin que la surveillante du parloir, qui marche de long en large dans la salle, puisse surveiller ce qui se passe à l'intérieur. Les surveillantes sont revêtues de blouses blanches ce qui contribue à donner à tout l'ensemble de la maison d'arrêt une allure d'hôpital.

Les deux premières années de mes visites, les fenêtres des boxes qui donnent sur une sorte de terrain vague et quelques pavillons habités par des membres du personnel pénitentiaire, permettaient aux détenues de jeter un coup d'œil sur un paysage un peu différent de celui qu'elles voyaient à longueur de journée. Cela n'est plus possible, car la direction a fait peindre les vitres en blanc, les habitants de ces logements s'étant plaints d'être observés par les prisonnières. Je me

---

1. A Fresnes où je vais à présent, les détenus apportent leurs cigarettes et leur briquet au parloir.

demande en quoi le fait que l'on puisse voir de loin ces habitations éloignées d'environ trois cents mètres pouvait gêner leurs occupants.

Il n'y a pas de temps limite pour demeurer avec les détenues, alors que les visites familiales ne peuvent excéder une demi-heure, sauf sur demande de prolongation exceptionnellement accordée. Il m'arrivait de rester avec certaines, une heure, parfois deux. Avec d'autres en un quart d'heure l'entretien tournait court. Cela se passait ainsi avec certaines détenues étrangères (pour la plupart incarcérées pour des affaires de drogue) ne parlant pas français, et très mal anglais. Parlant couramment cette langue, c'était à moi que revenaient la plupart des ressortissantes étrangères connaissant l'anglais.

Le jour de ma visite à Fleury, je déjeunais sur place, au mess du personnel. En fin de matinée, et en fin d'après-midi, j'allais parfois parlementer avec la directrice selon ce qui résultait de mes entretiens avec les détenues. Je lui signalais l'état particulièrement dépressif d'une femme qui me faisait craindre une tentative de suicide, la priais de demander au médecin une ordonnance de « pilule » pour une autre sur le point de sortir et risquant fort de se retrouver enceinte le soir même de sa libération (démarche n'obtenant aucun succès : « De quoi vous mêlez-vous! »), l'autorisation de remettre des livres, ou encore une discussion mouvementée pour savoir quelles seraient les détenues autorisées à assister aux séances récréatives que j'organisais de temps en temps. Le soir, une fois rentrée chez moi, je mettais mes notes à jour (il m'arrivait d'éviter de trop écrire pendant nos rendez-vous, car je m'étais aperçue que certaines femmes trouvaient suspect que je prenne des notes devant elles). Cependant, généralement après deux ou trois visites, la confiance s'instaurait, ainsi que des rapports d'affection. Très vite, parfois à la deuxième visite, nous nous embrassions pour nous dire bonjour ou au revoir. La plupart d'entre elles m'appelaient madame Duché, mais lorsque je les revoyais après leur libération, ce qui arrivait souvent, elles m'appelaient par mon prénom. Toutes les filles jeunes, c'est-à-dire la majorité, me demandaient de les tutoyer.

C'est ainsi que se passait ma journée de visites. Ensuite, le reste de la semaine, avaient lieu toutes les démarches nécessaires aux situations diverses auxquelles devaient faire face les détenues.

III

LA VISITEUSE ET LES DÉTENUES, LES SURVEILLANTES, LES ÉDUCATRICES

Quand j'ai visité la maison d'arrêt des femmes, j'ai été, le premier choc passé, très étonnée par l'apparence de netteté, de confort, et par un certain luxe qui se dégageait des spacieuses salles d'études, de la bibliothèque tenue par une religieuse secondée par une détenue (poste très envié et très privilégié). Mais l'installation électronique qui est partout (des micros tous les deux pas et dans chaque cellule), les grandes vitres incassables, le manque de rideaux et de stores même en plein été (risque de pendaison), tout cet ensemble procure une ambiance inhumaine et glaciale. Tout luit et reluit, tout est à sa place (sauf les pensionnaires), rien ne vit. C'est le domaine de Kafka.

Les détenues que j'ai rencontrées et qui ont connu la Petite Roquette, de même que certaines surveillantes qui y avaient travaillé, malgré le manque de chauffage, de confort général, malgré la saleté des locaux, m'ont souvent dit qu'elles s'y étaient senties beaucoup mieux qu'à Fleury-Mérogis [1]. La vie à la Petite Roquette était beaucoup plus familiale, plus humaine.

J'ai constaté que les détenues d'un milieu privilégié (une

---

1. Fleury-Mérogis a été inauguré le 1ᵉʳ mars 1973. Pour remplacer la Petite Roquette qui était vétuste.

infime minorité) appréciaient beaucoup plus le confort de Fleury-Mérogis (chauffage, eau chaude, toilettes avec siège et non pas le seau hygiénique, radio, etc.) que celles qui, dans leur vie habituelle, en avaient été plus ou moins privées. Ces dernières auraient de beaucoup préféré avoir de l'eau froide mais prendre leurs repas dans un réfectoire au lieu de se voir servir des plateaux dans leurs cellules. Elles auraient aussi souvent désiré des rapports plus faciles avec le personnel surveillant, lequel était à la Petite Roquette plus proche des détenues.

En effet, à Fleury-Mérogis les rapports avec les surveillantes sont anonymes, distants. Quand les détenues veulent demander quoi que ce soit à la surveillante de garde, elles doivent d'abord expliquer par l'interphone de leurs cellules les raisons de leur appel, et la surveillante ne vient que si elle le juge indispensable. De même tous les ordres sont énoncés : soit d'une voix doucereuse d'hôtesse d'aéroport, soit d'un ton rogue, à l'aide de micros.

Alors que les éducatrices [1] et les détenues ont souvent des rapports de camaraderie, et parfois même se tutoient, quoique cela ne soit pas réglementaire, toute intimité même superficielle entre une détenue et une surveillante risque d'être très mal interprétée. Il est impensable de voir une détenue circuler dans la cour ou dans les couloirs bras dessus, bras dessous avec une surveillante, alors qu'à Ricker's Island, la grande prison jouxtant New York, j'ai pu voir ce spectacle plusieurs fois lors de la visite que j'y ai faite il y a quelques années.

---

1. La plupart des éducatrices sont très jeunes, trop jeunes à mon avis. Leur jeunesse est certainement bénéfique pour les détenues mais dangereuse quant à l'effet qu'elle peut avoir sur elles-mêmes. Elles aussi, comme moi, s'attachent beaucoup à leurs prisonnières. Lorsque celles-ci vont mal, sont déprimées, font des tentatives de suicide, ou reviennent du Palais avec de fortes condamnations, les jeunes éducatrices sont souvent inquiètes et perturbées et il arrive que cela se termine par une dépression. Elles doivent, en plus, respecter un règlement draconien et les voies hiérarchiques...

En 1978 il y avait à la MAF pour 250 détenues : 4 éducatrices, 2 visiteuses régulières, une assistante sociale.

Les surveillantes françaises ont d'ailleurs la consigne de ne pas se montrer familières avec les détenues, de ne pas les tutoyer, de les appeler Madame ou Mademoiselle. La plupart du temps elles s'adressent à elles par leurs noms de famille. Les surveillantes à mon avis sont astreintes à une discipline presque plus stricte que les détenues. Il règne d'ailleurs un régime de rapports par voie hiérarchique qui fait qu'elles se surveillent les unes les autres. En plus de ces rapports, elles en rédigent de façon permanente sur le comportement des détenues : une détenue a emporté son dessert qu'elle n'avait pas terminé dans sa cellule, à la séance de cinéma hebdomadaire (ce qui lui vaut d'être privée de dessert [1]... pour la semaine), une autre a insulté une surveillante, une troisième a donné du chocolat à une autre détenue. La plupart du temps ces rapports mentionnent des délits mineurs et infantiles. La nuit ils sont consignés sur un cahier de nuit sur lequel est noté tout ce qui a pu se passer et qui est remis à la directrice. La manière dont sont rédigés ces rapports a beaucoup d'importance dans la carrière d'une surveillante de l'administration pénitentiaire.

Je sais cependant, par ce que m'ont dit des détenues de la maison d'arrêt des femmes, et par les quelques conversations que j'ai pu avoir avec des surveillantes, à quel point certaines d'entre elles savent se montrer secourables et présentes dans la mesure de leurs moyens, très limités. Mais il existe aussi de vraies sadiques, des adjudants-nés, des mégalomanes qui empoisonnent la vie des prisonnières. En général les brimades sont mesquines, telle la privation de dessert déjà citée et peuvent sembler anodines prises isolément. Mais leur répétition à longueur de jour rend l'atmosphère tendue et la vie infernale pour les détenues.

---

1. On imagine mal un Mesrine privé de dessert.

IV

UNE ÉDUCATRICE PARLE

Je me rappelle qu'au début, quand je suis arrivée à Fleury, personne ne me connaissait. Les surveillantes ne savaient pas du tout que j'étais éducatrice. On n'est absolument pas présentée quand on arrive. On est reçue par le personnel de direction et après on vous emmène en détention. Donc je me suis retrouvée mêlée à une remontée de promenade, et une surveillante m'a poussée dans le rang en me disant : « Qu'est-ce que tu fais ici, au milieu du couloir! Démerde-toi, trouve une place! » Et moi, mine de rien, j'ai suivi au fur et à mesure que les détenues rentraient dans leurs cellules. Quand mon tour est arrivé, j'étais la dernière, la surveillante m'a dit : « Où est-ce que tu es? Où est ta cellule? » Je lui ai répondu : « Je ne comprends pas pourquoi vous me tutoyez! Vous ne me connaissez pas et je ne vous connais pas non plus! » Et elle me dit : « Où est ta cellule? Dis-moi ta cellule, sinon je te fais un rapport! » Et moi je lui répondis seulement : « Eh bien, faites votre rapport! Je voulais seulement vous dire que je n'ai pas de cellule! — Comment ça tu n'as pas de cellule, tu te fiches de moi? » Alors je lui dis : « Mais non je ne me fiche pas de vous, je suis éducatrice! » Alors la surveillante, une fois revenue de son étonnement, s'est excusée et me demanda de ne rien dire à la directrice en précisant : « Vous savez, c'est difficile! Vous devriez porter un badge pour qu'on vous reconnaisse! »

Cette expérience m'a permis de savoir finalement ce que

c'était qu'être détenue. Par la suite, lorsque les détenues me racontaient les brimades qu'elles subissaient, je les croyais car j'avais vu les façons d'agir des surveillantes.

Une autre fois, j'étais dans la cellule d'une détenue en train de discuter avec elle, car à cette époque les éducatrices avaient les clés des cellules. On était invitée quelquefois à prendre un Ricoré et un biscuit qu'elles avaient cantinés, c'était sympathique d'ailleurs, on allait prendre le « quatre heures » dans leur cellule.

Donc j'étais là et la porte était ouverte. Une surveillante est passée dans le couloir et nous a enfermées. Je ne pouvais pas ouvrir la porte car il n'y a pas de serrure à l'intérieur. Là j'ai assez mal réagi, je me suis rendu compte après que j'avais été odieuse, parce que je me suis mise à hurler : « Ouvrez-moi! Vous n'avez pas le droit de m'enfermer! » Je ne supportais pas d'être enfermée. C'était au début où j'étais à Fleury et chez moi je laissais les portes ouvertes, je ne supportais pas d'être enfermée. Je pense que c'était par réaction à la prison. Et la surveillante refusait de venir m'ouvrir en disant qu'elle ne voulait pas entendre les jérémiades des détenues. Et moi de crier de plus belle par l'interphone : « Je vous assure que je suis éducatrice et que vous m'avez enfermée à telle cellule! » Elle répondit : « Puisque vous continuez, je vais chercher la surveillante-chef! » Quand elles m'ont vue effectivement, elles se sont excusées. La détenue rigolait. Mais le lendemain, je me suis excusée auprès d'elle. Et elle m'a dit : « Maintenant tu sais ce que c'est que d'être enfermée! »

Là, je me suis rendu compte qu'il fallait qu'il y ait ce passage par la police, et toute l'ambiance de la garde à vue et des interrogatoires pour qu'une personne puisse accepter d'être enfermée sans rien dire, sans se mettre à hurler.

Par la suite, j'avais été marquée par ces incidents et je faisais en sorte qu'on me reconnaisse!

En fait, je travaille en prison mais j'ai toujours eu peur de la prison. Et j'en ai toujours peur maintenant que je la connais. Je n'ai pas peur des détenues, pas du tout, mais j'ai peur du système.

*Chaque éducatrice (nous étions 4 pour environ 250 déte-
nues) avait un bureau dans une division. C'était une cellule
d'ailleurs. La mienne était près du rond-point. Un jour j'ai
entendu une détenue qui demandait à voir l'aumônier à la
surveillante. Et la surveillante lui dit qu'elle n'avait pas le
temps de l'inscrire, qu'elle n'était pas pressée, et elle l'a
injuriée, des injures racistes : qu'elle en avait « par-dessus la
tête des Noires, qu'est-ce qu'elles se croyaient permis, pour qui
elles se prenaient », etc. Et la fille a vivement réagi puisqu'elle
a giflé la surveillante. Moi j'étais dans mon bureau et
j'entendais tout. Au moment où ça a commencé à devenir
violent je suis sortie. C'était au moment où la détenue a giflé la
surveillante, et la surveillante réagissait en la regiflant. J'ai
pensé que l'incident allait se terminer là. En fait, pas du tout,
car la surveillante a fait un rapport disant que Mme Une telle
avait demandé à voir l'aumônier et qu'elle lui avait dit qu'elle
l'inscrivait sur le cahier et qu'elle pourrait le voir le jour
même. Alors elle n'avait pas compris pourquoi, brusquement,
la détenue l'avait giflée, et qu'elle, avait riposté en la giflant à
son tour. Bien évidemment la détenue a été envoyée au
mitard.
A cette époque la directrice nous laissait aller voir les
détenues au mitard. Par la suite ce n'était plus possible de les y
visiter. Donc je suis allée voir cette détenue, je discute un peu
avec elle et je lui dis que j'étais dans mon bureau et que j'avais
tout entendu lors de l'incident, que j'avais cru que l'affaire
était close, mais que puisqu'elle était au mitard j'allais voir la
directrice.
Je suis donc allée la voir et je lui ai raconté l'histoire telle
que je l'avais entendue. La directrice se mit dans une colère
folle, en me disant que je me mêlais d'une affaire qui ne me
regardait pas, que cette détenue avait giflé la surveillante et
qu'il fallait la punir. Je lui répondis : « Vous voulez la punir,
d'accord mais lorsqu'elle passera au prétoire je veux être
présente puisque j'étais témoin. » Elle n'a jamais voulu et la
détenue a été condamnée à trois semaines de mitard! Il n'y a
rien eu à faire.*

A partir de ce moment mes rapports avec les surveillantes ont été nettement moins bons puisque j'étais prête à témoigner contre elles, pour empêcher une détenue d'aller au mitard. Ce n'était pas très bien vu... Mais quand j'entends les détenues se plaindre, je les crois.

Hiérarchiquement, on n'est pas au-dessus des surveillantes. On est à côté. En fait il n'y a pas de hiérarchie pour les éducateurs, ou plutôt il n'y en avait pas. Mais depuis 1977 les postes de chef de service éducatif ont été créés afin qu'il y ait un interlocuteur entre les éducateurs et le directeur.

Les éducateurs dépendent des directeurs dans les maisons d'arrêt, les centrales et les centres de détention, et ils dépendent de l'autorité des juges d'application des peines quand ils sont en comité de probation. Tout comme les visiteurs dépendent du bon vouloir du directeur.

Il n'y a pas de hiérarchie, ce qui fait que c'est un corps un peu bâtard du ministère de la Justice, le corps des éducateurs. Quelque chose que l'on a créé en 1945, juste après la guerre, alors que beaucoup de ceux qui ont pris le pouvoir avaient été en prison et s'étaient rendu compte qu'il y avait beaucoup à faire par rapport à la prison. On a donc créé ce corps d'éducateurs. Mais cette fonction, qui est parallèle au corps de surveillance et de direction, n'est pas du tout admise. On met dans le même sac : aumôniers, assistantes sociales, visiteurs et éducateurs. Ce sont toutes les personnes extérieures, qui sont des personnes gênantes, qu'il faut toujours avoir à l'œil parce qu'elles sont susceptibles d'enfreindre le règlement; et surtout elles peuvent témoigner à l'extérieur de ce qui se passe réellement dans les prisons, sans tenir compte de « l'obligation de réserve » que doit observer le reste du personnel. (Il faut dire qu'il y a des éducatrices qui sont très à cheval sur le règlement.)

Mais malgré tout, l'administration pénitentiaire a besoin de ce personnel. Car la visiteuse, l'éducatrice, l'assistante sociale est « réducteur de tension ». Par exemple, on demande à une visiteuse de voir une détenue qui n'a pas du tout de visites et qui a des difficultés de vie à l'intérieur de la prison. C'est pour cela que l'on demande à l'assistante sociale de nommer des visiteuses, car l'administration pénitentiaire s'est bien rendu compte que c'était une nécessité pour éviter certains problèmes, les suicides par exemple.

V

CAUSE PRINCIPALE DE
LA DÉLINQUANCE FÉMININE

La femme dans la famille et dans la société est réduite à un rôle très précis, très restreint et très limité, que ce soit dans son foyer ou à son travail. Particulièrement dans les milieux urbains pauvres. Plus le niveau culturel est bas, plus forte est l'oppression.

Je pense que s'il y a tellement moins de femmes que d'hommes en détention, c'est parce que généralement elles sont moins aptes que ces derniers à participer à de grands coups. Les juges sont aussi, il faut bien l'avouer, plus indulgents envers les femmes qu'envers les hommes. J'ai même entendu à une réunion féministe quelqu'un qui le déplorait, considérant que c'était une preuve de plus de phallocratie et de misogynie.

Peut-être aussi, les femmes ayant plus présente à l'esprit la responsabilité qui leur incombe dans leurs foyers (famille, maternités) sont-elles plus prudentes.

Les lectrices consciencieuses de *Elle* ou de *Marie-Claire* qui ont bien assimilé leurs lectures, ont très peu de chances de se retrouver en prison. Cela ramène à dire une fois de plus que la majorité de la population pénale se compose de gens issus de milieux pauvres et démunis.

D'après Laurel Rans, *La Délinquance féminine*, texte cité par *La Revue pénitentiaire* n° 3 de juillet-septembre 1978, « l'opinion la plus répandue est que la délinquance féminine croît en volume, en gravité et en violence; qu'elle offre de plus en plus de similitude avec la délinquance masculine. C'est aussi ce que semblent refléter les statistiques. Étudiées de plus près et interprétées avec clairvoyance, elles ne permettraient pas des conclusions aussi absolues ».

Les principales causes de la délinquance féminine, d'après des études récentes sont :

1° Pauvreté et solitude.
2° Mésentente dans les foyers.
3° Ignorance.
4° Absence de formation professionnelle.
5° Vie sexuelle et affective anarchique.
6° Méconnaissance de la contraception.
7° Manque d'attaches solides.
8° Alcoolisme – prostitution – drogue.
9° Débilité mentale.

La majorité des détenues a entre vingt et vingt-cinq ans, particulièrement dans les maisons d'arrêt, la maison d'arrêt étant le lieu de détention où se trouvent celles qui sont en préventive (dans l'attente du jugement), les appelantes (en attente d'un jugement d'appel ou de cassation) et les courtes peines (condamnées à moins d'un an).

VI

INFANTICIDES
ET MAUVAIS TRAITEMENTS À ENFANT

D'après le recensement du ministère de la Justice, les infanticides et coups à enfant représentent un pourcentage important des condamnées femmes.

Les sévices infligés aux enfants vont de la gifle qui éborgne jusqu'à la torture proprement dite (corrections à coups de ceinturon, brûlures, fractures volontaires, privation de nourriture, manque de soins, etc.). Ces tortures surviennent le plus souvent dans les milieux défavorisées, les femmes y étant plus brimées dans leur vie familiale où l'espace vital est extrêmement restreint, sans aucune possibilité de détente, de changement de cadre, au milieu de bruits incessants, de coups reçus et de coups rendus, de scènes d'alcoolisme et de violence, elles sont à bout de nerfs et n'ont pas, comme dans les milieux aisés, les moyens de s'en évader. Elles se défoulent sur leurs enfants, et souvent cela se termine mal. C'est pour cela que les infanticides présentent un aspect très particulier. Les mères infanticides ne sont jamais des adultes à part entière. Traitées elles-mêmes en enfants mal aimées, leur foyer est déjà une image de la prison dans laquelle elles sombrent tôt ou tard. L'enfant est là, proche et sans défense, à leur merci. Il est leur unique possession, et leur seule possibilité de se défouler par un acte extrême et « criminel ».

Il n'y a aucun enchaînement logique entre les coups donnés et la mort qui survient. La plupart du temps un enfant qui meurt à la suite de ses blessures n'est pas forcément un enfant mal aimé. Dans une famille martiniquaise ou guadeloupéenne par exemple, la punition corporelle à coups de boucle de ceinture est coutumière. Plusieurs Réunionnaises m'ont dit : « Dans nos pays on est élevé à coups de ceinture! » Dans certaines conditions de vie difficiles, il est impossible d'être à la fois mère et épouse. Fréquemment sur les murs des cellules de mères infanticides on peut voir les photos de l'enfant tué. Il arrive que ces mères arrivent à la prison avec un enfant plus âgé ou plus jeune que l'enfant disparu. Elles se montrent en général très bonnes mères, souffrent beaucoup du mépris qu'elles suscitent parmi les autres détenues, et aussi de n'avoir pas le droit de préparer elles-mêmes les biberons et les repas de leur enfant. Cela est d'ailleurs une règle générale qui ne leur est pas réservée. Les religieuses du quartier des nourrices s'en chargent.

VII

ANAÏS : PREMIÈRE EXPÉRIENCE

A la maison d'arrêt des femmes, ma première « cliente » a été Anaïs. Elle n'avait pas tout à fait dix-huit ans. Je la vois encore se précipiter dans le box où je l'attends. Pâle, échevelée, un peu chancelante par l'abus de tranquillisants, vêtue d'un blue-jean et chaussée de baskets qui laissent passer ses orteils, elle se met aussitôt à hurler : « Vous m'aiderez à revoir mon fils, Madame, dites-moi que vous m'aiderez à revoir mon fils! » et elle s'abat dans mes bras en sanglotant.

Elle a en effet un fils de dix-huit mois qu'elle n'a pas revu depuis sa naissance, et qui se trouve en nourrice par les soins de la D.D.A.S.S. [1]. Malgré les suggestions qu'on lui avait faites au moment de son accouchement, Anaïs a refusé de signer les documents nécessaires pour que l'enfant puisse être adopté. Il est donc légalement à elle, mais le plus clair de son existence se passe à Fleury-Mérogis et, lors de ses périodes de liberté, elle n'a jamais entrepris les démarches nécessaires pour voir son enfant. Elle a perdu pratiquement tous ses droits. Elle ne peut prendre de ses nouvelles que par la D.D.A.S.S., car on ne communique jamais l'adresse de la nourrice à la mère. Mais tout cela je ne l'ai su que plus tard.

Durant cette première entrevue elle me submerge de

---

1. Direction départementale de l'Action sanitaire et sociale.

demandes de toutes sortes. Elle veut une photo de son fils, elle veut qu'on le lui amène en visite, et elle veut du chocolat, des cigarettes, du chewing-gum, un soutien-gorge, un slip, des collants et même une montre. Tout cela est absolument interdit. Elle veut que je la sorte de là, sinon elle va se tuer « c'est sûr! D'ailleurs vous voyez ces cicatrices sur mes poignets, j'ai essayé de m'ouvrir les veines l'autre jour! », si elle reste plus longtemps dans cette « sale boîte elle va sûrement tuer quelqu'un. La première personne qui entrera dans sa cellule recevra le pied de sa chaise sur le coin de la gueule! » (ce qu'elle fit d'ailleurs, et qui lui coûta 5 jours de mitard). Tout cela crié, bredouillé, entrecoupé de cris et de sanglots. Elle se jette dans mes bras, m'embrasse. Une chose est évidente, c'est une enfant malheureuse et une malheureuse enfant. Plus tard, lorsque j'appris, par elle d'ailleurs, la nature de ses délits, qui sont pour la plupart des vols à la tire, mon opinion sur elle n'a pas changé. Une mère alcoolique, un père inconnu, des séjours prolongés à Chevilly-Larue (centre de rééducation), son goût pour l'éther : « La première fois que j'ai pris de l'éther, j'avais douze ans, c'était dans les chiottes avec deux copains. Je suis tombée dans les pommes, c'était merveilleux! » Comment aurait-elle pu échapper à la délinquance?

Elle est violente, passionnée, terriblement sentimentale, agressive et totalement inconsciente. Elle a un besoin éperdu de tendresse et, dès notre premier contact, s'est désespérément accrochée à moi. Elle n'a personne pour l'assister à l'extérieur. Elle ne voit pas sa mère et a perdu contact avec ses frères. Elle ne reçoit pas un centime de qui que ce soit, ce qui ne lui permet pas de cantiner[1]. Elle est incapable de travailler, elle ne l'a d'ailleurs jamais fait : « Travailler, c'est comme les Noirs et les vieilles, je ne veux pas être vieille! » Elle a toujours fugué, volé, vécu en prison. Parfois elle a des mots d'une poésie extraordinaire et parfois aussi elle s'ex-

---

1. La cantine : l'économat de la prison garde en stock un certain nombre de vivres et d'articles qui sont revendus aux détenues si elles ont en dépôt au greffe de la prison l'argent nécessaire.

prime crûment. Ses lettres, et j'en ai beaucoup, sont parmi les plus belles que j'aie reçues.

L'agilité manuelle d'Anaïs est prodigieuse. Un jour, debout à côté d'elle, mon sac en bandoulière, je lui demande de me faire une démonstration de ses talents. Elle commence par m'expliquer que je représente exactement le genre de personne à laquelle ses petits copains s'attaquent, puis me dit de regarder dans mon sac. Elle m'a délicatement soulagée de mon portefeuille et de mon agenda.

Anaïs est représentative de la population pénale féminine. Tant par la nature de ses délits que par sa jeunesse, sa solitude et son extrême naïveté. Elle s'impose à mon esprit plus que certaines autres jeunes femmes car c'est pour elle que j'ai commencé, et à quel rythme, toutes les démarches qui auraient pu, auraient dû l'aider. J'obtins la photo de son enfant, mais hélas pas sa visite, je lui apportai du chewing-gum interdit qu'elle recrachait avant de me quitter – un jour au moment de quitter mon box elle le sortit de sa bouche et me dit très gentiment : « Il est encore bon, vous ne voulez pas le finir? » Je trouvai des amis avocats qui plaidèrent pour elle gratuitement, je rendis visite à des magistrats pour supplier leur indulgence, je trouvais des foyers pour l'accueillir. Et même un jour, une amie, pas comme les autres je dois l'avouer (elle est psychiatre et mariée à un ancien délinquant), la prit en charge chez elle pendant un mois. Ce fut je pense la seule période de la vie d'Anaïs où elle mena une vie stable et s'occupa très bien d'une maison et d'une petite fille de sept ans. Mais bien sûr ce séjour se termina par une fugue [1].

---

1. Aujourd'hui Anaïs est pour la énième fois à Fleury-Mérogis, après des séjours aux Baumettes et autres centres de détention. Je ne l'ai pas revue mais j'ai appris qu'elle a sombré dans la drogue et la prostitution...

VIII

DÉMARCHES

En tant que visiteuse de prison j'ai souvent hébergé des détenues libérées, quoique cela soit tout à fait déconseillé, ainsi que des permissionnaires de la centrale de Rennes, lorsqu'elles arrivent à obtenir des permissions, ce qui n'est pas fréquent. On me demande toujours : « Avez-vous peur? Avez-vous eu des ennuis? » Je n'ai jamais eu d'ennuis, je n'ai jamais éprouvé la moindre crainte. En revanche, j'ai parfois reçu d'excellents conseils. C'est une jeune cambrioleuse qui m'a conseillé de faire mettre une porte blindée à mon appartement et m'a aidée à la choisir...

Il est arrivé que l'on me demande stupidement : « Comment vous habillez-vous pour aller à Fleury? » comme si j'allais me déguiser en visiteuse. J'y vais comme je suis. Je me suis bien vite aperçue que si je négligeais de me maquiller ou si je changeais de coiffure cela provoquait des questions et même parfois des critiques. Je leur appartiens, comme leur appartiendrait la mère qui leur a souvent manqué, ou une amie.

J'en étais arrivée à ne pas oser les prévenir quand j'allais partir en vacances. J'avais tort car il faut avant tout se montrer honnête dans ses rapports avec le monde carcéral.

Mes contacts ne se bornent pas aux visites, car les détenues écrivent beaucoup, et souvent n'ont personne avec qui correspondre, d'où les petites annonces si dangereuses de *Libération*.

Voici ce que m'a écrit Anaïs dont je respecte l'orthographe : *Vous ne pouvé imaginé à quelle point cela me fait du bien de vous écrir, vous savez quelle fois le soir quand je vois un peu noir, j'écrit des lettres imaginaires, je dort avec et le lendemain je la déchire et la met à la poubelle...*

Une visiteuse, doit se préparer à refuser certaines demandes. C'est très difficile au début. Quand il s'agit de téléphoner aux familles, aux petits amis, de trouver du travail, un logement, de venir les attendre à leur sortie de prison, de les recevoir en permission, tout cela est réalisable. Leur apporter des livres, qui passent d'ailleurs par la censure de la direction, des mots croisés, qui ont beaucoup de succès auprès de certaines, c'est facile. Mais quand tout à coup une détenue vous demande de lui apporter du haschich, il est parfois difficile de lui faire comprendre que la solidarité ne peut pas aller jusque-là.

Il ne faut pas croire que pour accomplir les démarches inhérentes au rôle de la visiteuse il soit nécessaire de posséder des relations utiles, ou de porter un nom connu. Bien entendu cela ne peut pas nuire... Mais ce qui est tout à fait indispensable, c'est l'assurance, l'initiative et l'aisance, de manière à pouvoir évoluer dans n'importe quel milieu sans problème.

J'ai eu à m'occuper d'une Marocaine, mère de 5 enfants, enceinte d'un sixième, incarcérée à la suite d'un vol minable mais condamnée à l'expulsion. Il était difficile de faire surseoir à une expulsion, surtout à l'époque. Je décidai d'employer les grands moyens; grands mais très simples.

Tout d'abord je recherchai, en téléphonant au ministère de l'Intérieur, la personne responsable des problèmes concernant l'Afrique du Nord, particulièrement ceux du Maroc. Je me rendis donc au ministère où je demandai à voir la personne en question. Il aurait fallu prendre rendez-vous au moins quinze jours à l'avance, pour avoir une petite chance d'être reçue. Or l'expulsion de la Marocaine devait avoir lieu dans le courant de la semaine. J'insistai et déclarai que c'était un cas de vie ou de mort. Pourrait-on téléphoner au fonctionnaire responsable du problème en question et me laisser lui expliquer mon cas? A mon grand étonnement, après une brève conversation avec le planton, le Monsieur important me fit dire qu'il ne pouvait me recevoir, mais que je pouvais lui laisser une note qu'on lui remettrait le jour même. Sur quelques enveloppes (personne ne pouvant me donner une feuille de papier), je notai le plus brièvement possible tout ce que je savais. Quarante-huit heures après, M. X, qui ne m'avait pas vue, qui savait seulement que j'étais visiteuse de prison et m'a crue sur parole, faisait parvenir à Fleury-Mérogis l'ajournement de l'expulsion redoutée.

Bien entendu le délit de la Marocaine n'était pas très grave, mais elle était cependant récidiviste, ce qui ne facilitait pas la résolution du problème. Mon intervention avait eu la chance d'aboutir auprès d'un fonctionnaire réceptif et compréhensif, ce qui n'était pas toujours le cas. N'importe qui aurait pu le faire. Mon nom ne représentait rien, je n'avais vu personne. C'est donc la preuve que l'assurance et l'esprit de décision sont payants. Bien que cette démarche eût pu être faite par n'importe qui, elle n'aurait pas pu l'être *auprès* de n'importe qui. De plus, n'ayant pas de voie hiérarchique à respecter, j'avais les coudées franches (ce qui n'est pas le cas des éducatrices ni des assistantes sociales).

Toutes les démarches entreprises par la visiteuse en faveur de la détenue lui donnent une grande importance aux yeux de cette dernière, bien que toutes les démarches ne soient pas couronnées de succès. D'où le besoin qu'éprouvent souvent les prisonnières de témoigner d'une manière ou d'une autre leur affection. Affection très mal ressentie par le personnel surveillant qui ignore complètement tout dialogue avec les détenues.

IX

TÉMOIN DE MORALITÉ

Parmi les actions utiles que peut faire une visiteuse de prison se situent les témoignages de moralité à l'occasion des procès. Elle n'y est absolument pas obligée et peu de visiteuses le font. Certaines parce qu'elles ignorent qu'elles en ont le droit, d'autres parce qu'elles n'osent pas, d'autres encore parce qu'elles ne se sentent pas motivées. Leur témoignage, écrit ou oral, est souvent très utile. Il ne concerne que l'être humain qu'elles ont connu, sa personnalité, ses possibilités de réinsertion, les qualités qu'elles ont découvertes. En aucun cas les faits pour lesquels l'accusé se présente devant un tribunal ne les concernent. Elles pourraient même ne pas les connaître.

En effet, lorsqu'une visiteuse rencontre pour la première fois sa « cliente », elle ne sait absolument pas pour quelles raisons celle-ci se trouve incarcérée. La détenue pourrait très bien ne rien lui dire, mais il est bien évident que cela se passe différemment. Dès la première visite la détenue se situe juridiquement spontanément et sans aucune question de la visiteuse.

La visiteuse a la possibilité d'aller voir le président de la chambre correctionnelle ou de la cour d'assises devant laquelle se présentera la personne dont elle s'occupe. Parfois même elle peut aller voir le procureur. Cela avant l'audience. Elle peut se faire citer par l'avocat, ou bien témoigner en vertu du pouvoir discrétionnaire du président de la chambre ou de la cour. Dans ce dernier cas elle ne prête pas serment.

Témoigner dans un procès est une réelle épreuve. Surtout à la cour d'assises, solennelle et théâtrale.

Quand j'ai témoigné pour la première fois j'étais terriblement impressionnée. J'avais peur de ne pas dire ce qu'il fallait, de ne pas savoir exprimer ce que je pensais. Un jour je me trouvais devant un tribunal pour parler d'une femme qui, dans une crise d'ivresse, avait tué son mari. Je me tus brusquement au moment où j'allais dire « elle ne ferait pas de mal à une mouche »... J'aurais eu un beau succès, mais je le pensais sincèrement. Une autre fois je traitais d' « enfant » une femme qui se prenait pour une « dure », elle m'en voulut après le procès, mais ce fut, je crois, assez bénéfique.

Après plusieurs témoignages de moralité je finis par trouver qu'il était plus facile de m'adresser au tribunal en ne regardant que le président. A partir du moment où je rencontrais le regard des jurés, je perdais pied et me sentais encore plus angoissée. Mais le moment le plus dur est certainement pendant la délibération du jury. Les délibérations durent rarement moins d'une heure et demie et se prolongent souvent jusqu'à trois ou quatre heures, parfois davantage. Je me suis toujours astreinte à demeurer jusqu'à la fin. J'ai toujours éprouvé le besoin d'être là au moment du verdict, tant pour moi que pour l'accusée, pour laquelle il est important de savoir qu'il y a une présence amicale dans la salle au moment de la curée.

Il m'est arrivé fréquemment d'être le seul témoin de la défense. Grande est la solitude dans le monde de la délinquance.

X

QU'EST-CE QU'UNE VISITEUSE?

Il existe en France environ 1 579 visiteurs et visiteuses agréés pour un total d'environ 40 000 détenus, dont 1 400 femmes. Il y a donc approximativement un visiteur pour 260 détenus. Par détenus on entend prévenus (c'est-à-dire en attente de jugement) et condamnés.

Pour obtenir une carte de visiteuse, il faut envoyer une demande au directeur régional de l'administration pénitentiaire à Fresnes, une fiche d'état civil, deux photos d'identité et, si possible, un *curriculum vitae* avec des noms de répondants valables. Quelques « pistons » ne sont pas de trop. Ensuite on attend, et on peut attendre un certain temps [1].

Les visiteurs et les visiteuses de prisons se recrutent en majeure partie chez les retraités (officiers et enseignants). Parmi ces visiteuses, un certain nombre sont libres

---

1. Personnellement, malgré d'excellentes références, j'ai attendu un an, pendant lequel on a dû procéder à de sérieuses enquêtes qui ont abouti à une convocation de mon commissaire de police. Celui-ci me demanda : « Êtes-vous en bons termes avec votre concierge? » Ce qui grâce à Dieu était le cas. Que serait-il arrivé si mes étrennes avaient paru insuffisantes à ce dernier? Peu de temps après cet entretien je reçus ma carte de visiteuse renouvelable tous les ans. Actuellement, le renouvellement a été porté à deux ans.

de leur temps, et d'autres n'ont jamais travaillé. Il y a des visiteuses pour les prisons d'hommes, mais pas de visiteurs pour les prisons de femmes. Peut-être pense-t-on que l'âge des visiteuses les met à l'abri des situations délicates... elles peuvent donc être en contact avec des détenus masculins [1]!

Cela dit, il ne faut pas croire que, parce qu'elles ne sont plus des « jeunesses », elles doivent moraliser et donner des conseils à tire-larigot! S'il en était ainsi, elles seraient vite amenées à abandonner leur activité, car les détenus (hommes et femmes) ne le supporteraient pas.

En principe, dans toutes les prisons, les détenus trouvent à leur arrivée une brochure qui leur apprend qu'ils ont droit à une visiteuse. Très souvent ils ne se donnent pas la peine de la lire, et souvent aussi, étant étrangers, ils ne comprennent pas le français.

En théorie, l'assistante sociale décide de l'opportunité de la prise en charge par une visiteuse. Malheureusement, il n'y en a pas suffisamment pour satisfaire à toutes les demandes. L'hiver 1979, à la maison d'arrêt des femmes de Fleury-Mérogis, pour plus de 250 détenues, il n'y avait que 2 visiteuses qui venaient régulièrement une fois par semaine.

Il en résulte que le sort des détenues ayant une visiteuse est nettement favorisé. Malheureusement, ce n'est qu'une infime minorité.

Une visiteuse est une sorte de sous-assistante sociale, de sous-avocate, de sous-éducatrice totalement bénévole : que ce soit les coups de téléphone innombrables, l'essence de leurs voitures, les voyages à la centrale de Rennes, l'entretien d'une détenue libérée, en liberté provisoire ou en liberté conditionnelle [1] qu'une visiteuse prend chez elle (ce qui est d'ailleurs

---

1. D'après les études faites par les psychologues, il a été déconseillé à l'administration pénitentiaire de permettre à des visiteurs du « sexe fort » de visiter les femmes, alors que les visiteuses sont nombreuses chez les hommes. Il paraît que la présence féminine est bénéfique aux détenus, alors que celle du sexe masculin est nuisible aux détenues....

tout à fait mal vu par l'administration pénitentiaire), tout est à ses frais [2].

Les visiteuses de prison ne reçoivent jamais aucun ordre ni aucune directive sur ce qu'elles auront à faire. Jamais non plus aucun reproche pour ce qu'elles ne font pas, mais très souvent pour ce qu'elles ont fait. Dès qu'elles pénètrent dans le circuit carcéral, on leur annonce ce qu'elles ne peuvent pas transgresser. Et les interdits sont nombreux! Pour n'en citer que quelques-uns : ne sortir ni rentrer aucun courrier, aucun message; ne donner aucun bonbon, aucune victuaille (mais on tolère la consommation de certaines friandises sur place, au parloir); n'accepter aucun cadeau, et ne pas en faire; ne jamais domicilier une détenue susceptible d'obtenir sa liberté provisoire ou sa liberté conditionnelle dans la famille d'une autre détenue.

Ces interdits créent parfois des situations très dangereuses et absurdes dans l'esprit même de la loi. Dans certains cas la visiteuse se trouve dans l'obligation de les transgresser. Par exemple quand on connaît un tant soit peu l'ambiance des foyers dans lesquels vivent celles qui viennent d'être libérées et qui n'ont aucune famille, héberger une détenue dans la famille d'une autre détenue peut être le moindre mal.

Ainsi, à une certaine époque je m'occupais d'une jeune femme, issue de la « bonne société », impliquée dans une petite affaire de trafic de haschich. En même temps je suivais une jeune Anglaise arrêtée pour usage d'un chèque volé par son « petit ami », qui le lui avait donné à encaisser et qui avait pris la fuite à la banque en voyant que les choses tournaient mal.

1. La liberté provisoire est parfois accordée à un inculpé dans l'attente de son jugement. La liberté conditionnelle, qui est une possibilité mais non un droit, peut être accordée aux condamnés à la moitié de leur peine s'ils sont primaires (condamnés pour la première fois) et aux deux tiers s'ils sont récidivistes. Il en est ainsi jusqu'à présent.
2. Parfois l'Œuvre des visiteurs de prison assume quelques dépenses. O.V.D.P. 5, rue du Pré-aux-Clercs, 75007 Paris. Tél. 261.50.25, le matin.

Son juge d'instruction m'avait dit qu'il était prêt à la mettre en liberté provisoire à condition que je lui trouve un hébergement et du travail.

Sachant que Philippine, la jeune femme inculpée pour l'affaire de haschich, avait une belle-sœur qui attendait un second enfant, et qui était prête à prendre une jeune fille au pair, je lui parlais de Frankie, la jeune Anglaise.

L'honorabilité du frère de Philippine étant au-dessus de tout soupçon, et le délit de cette dernière n'ayant rien en commun avec celui de Frankie, je proposai cette solution au juge qui se montra enchanté, et alla jusqu'à me dire « si plus de personnes faisaient la même chose, il y aurait moins de monde dans les prisons »!

J'arrangeai donc l'affaire. Mais, le lendemain du départ de Frankie de la prison de Fleury-Mérogis, je fus convoquée par la directrice qui me déclara très sèchement qu'on allait sans doute me retirer ma carte de visiteuse, car le fait d'avoir installé une détenue dans la famille d'une autre détenue était inadmissible. Quand je lui rétorquai que j'avais agi avec l'accord du juge d'instruction et de l'avocat, elle me répondit qu'elle s'en fichait... L'affaire n'eut cependant aucune suite, et Frankie passa deux années très heureuses dans une charmante famille française.

La visiteuse de prison, en général, a une image de marque caricaturale et désuète. Mais, depuis quelque temps, grâce aux insinuations d'un journal de chantage bien connu, elle prend une allure de complice. Dans les deux cas cette image est fausse, car en fait une visiteuse est plutôt l'amie, la sœur, la mère, la psychologue, l'avocate. En effet, elle doit avant tout avoir l'esprit large, être compréhensive et n'être jamais choquée. Mais elle ne doit pas moraliser, n'être ni sceptique ni naïve, être chaleureuse et solide, et si possible très objective. Mais tout cela ne s'apprend que « sur le tas ».

Une visiteuse donne une très exacte image d'elle-même selon la manière dont elle exerce son activité. Cette activité va de l'entretien pur et simple (entretien qui dure un temps plus ou moins long dans la limite des heures « d'ouverture » de la prison, et pendant lequel elle doit être prête à tout entendre et à se taire une fois dehors) aux démarches les plus diverses : visites aux magistrats (juges d'instruction, présidents de la cour d'assises, procureurs, juges d'application des peines), contacts avec les avocats (qui sont parfois très satisfaits de ce que vous visitiez leur client à leur place), contacts avec les familles, recherches de travail et d'hébergement, récupération d'effets personnels souvent dispersés aux quatre coins de Paris.

Lorsque la détenue est libérée, le rôle de la visiteuse n'est pas terminé. Souvent, comme je l'expliquerai plus loin, la libération est difficile à vivre, et le soutien de la mère-amie-visiteuse est précieux au niveau de la réinsertion.

Il n'y a aucune obligation quant à la fréquence des visites d'une visiteuse, la moyenne est d'une fois par semaine. Certaines viennent tous les quinze jours, d'autres une fois par mois. En principe l'on garde un jour fixe, de préférence les jours où il n'y a pas les parloirs des familles, qui ont lieu de 13 h 30 à 15 h 30 et qui laisseraient trop peu de temps aux visiteuses, puisque les détenues doivent être dans leurs cellules pour les repas. La meilleure formule est de commencer les visites à 8 h 30, de déjeuner au mess du personnel, de reprendre les entretiens jusqu'à 17 h 15. Il arrive qu'une visiteuse prenne en charge jusqu'à une quinzaine de détenues (ce qui est d'ailleurs beaucoup trop).

Le personnel de l'administration pénitentiaire, et en particulier, les surveillantes, témoigne souvent une certaine animosité à l'égard des visiteuses. Il pense, sans doute, que nous sommes un peu folles de venir en ces lieux sans y être obligées, et sans que cela nous apporte quoi que ce soit. Mais il est faux que cela ne nous apporte rien. Loin de là. Tout ce que j'ai découvert, appris, côtoyé dans le monde des prisons m'a énormément enrichie, révoltée et apaisée en même temps. Apaisée quant à ma vie personnelle. Je me suis simplifiée, humanisée, peut-être aussi un peu durcie, c'est peut-être aussi bien. Je n'attache plus la même importance à certaines valeurs. Ma vie quotidienne s'est épurée. Mes besoins sont moins grands. Par contre, je suis davantage concernée par les domaines de la justice, de la société, du racisme.

Durant les visites, les rapports qui s'établissent entre les visiteurs et les détenues, peuvent difficilement se diluer dans des considérations d'ordre général, extérieur, tout au moins durant les premiers entretiens. Très vite la visiteuse est au courant des problèmes vitaux de « l'autre ». Après un certain temps, quand les deux interlocutrices se connaissent mieux, elles peuvent se permettre, selon les cas, d'aborder des problèmes moins personnels, tels que la littérature, le cinéma et même parfois la politique.

Nous sommes leur lien avec la « vie libre », et en aucun cas l'on ne doit se comporter avec les détenues comme si elles étaient des êtres à part. Il n'est pas question de souligner le fait qu'elles sont prisonnières, on doit leur parler d'égale à égale, c'est-à-dire comme à n'importe lesquelles de nos amies qui auraient eu des ennuis, qui se trouveraient dans une sale situation, mais qui ne doivent pas pour autant être tenues à l'écart de tout ce qui se passe dans le monde extérieur. Nous en arrivons parfois à oublier que nous sommes dans un parloir de prison, nous établissons des rapports quasi normaux, des liens d'amitié se nouent, et puis, nous partons. Nous nous disons au revoir, souvent nous nous embrassons, et la porte de fer se referme sur nous... nous qui sommes à l'extérieur, et elles, elles se retrouvent dans la cabine de la « fouille »... prisonnières.

Le monde dans lequel se met à vivre la visiteuse devient très particulier, et ses relations avec son entourage s'en ressentent parfois. Elle est à ce point impliquée dans les problèmes carcéraux qu'elle n'arrive guère à penser à autre chose ou parler d'un autre sujet. Les drames dont elle est témoin l'empêchent de prêter attention à ses propres soucis. Sa vie entière prend une autre dimension.

Après une journée passée en prison, et toutes les démarches entreprises durant la semaine, il est difficile de ne pas être perpétuellement en état d'alerte sur tout ce qui concerne les détenues. On rencontre le P.-D.G. d'une entreprise quelconque, immédiatement on se demande, et on lui demande, s'il serait d'accord pour donner du travail à des ex-détenues. L'on parle avec un médecin : acceptera-t-il de donner des soins gratuits? (La plupart des libérées ne sont pas à la Sécurité sociale.) Vous rencontrez des avocats : accepteront-ils de plaider sans demander d'honoraires? Et si vous avez des relations dans les milieux ministériels, alors là... rêvons. Il n'y a donc rien d'étonnant à ce que la conversation d'une visiteuse de prison ramène si souvent au même sujet : la prison.

XI

DIALOGUES AVEC LES DÉTENUES

Les interdits sont nombreux et absurdes. Un jour une détenue avait apporté au parloir un carré de coton sur lequel elle avait brodé un petit cheval. Elle tenait absolument à me l'offrir. J'ai hésité, mais je n'ai pas eu le courage de refuser ce bout d'étoffe sans valeur. Quand elle est retournée à la fouille du départ, j'ai entendu des hurlements et une surveillante furieuse est venue me le reprendre. « Les cadeaux sont interdits! » Dans un sens comme dans l'autre d'ailleurs. La seule chose qui m'était autorisée était d'apporter des livres, censurés par la direction, et si je voulais je pouvais envoyer des mandats.

Une jeune femme accusée d'un meurtre spectaculaire, qu'elle avoua et nia à plusieurs reprises me fit un jour un cadeau, qui me mit très mal à l'aise. Elle m'avait raconté son prétendu crime : « (...) et voyez-vous madame Duché, il ne faut jamais porter une robe de soie avec une cravate ou un foulard, car je me suis engueulée avec Mme Z, j'ai voulu l'empêcher de hurler, et j'ai voulu la faire taire en la bâillonnant avec son foulard. Il a glissé de sa bouche, est descendu jusqu'à la gorge, j'ai serré et cela lui a sectionné l'aorte... » Je me vois encore, un peu ahurie tout de même en face de mon interlocutrice, mais ne voulant pas marquer le coup et opinant du bonnet « Oui, bien sûr, je comprends » comme si moi aussi quand je me disputais avec quelqu'un j'avais l'habitude de lui tordre le cou. Quelque temps après m'avoir fait ces confidences, cette jeune femme me fit parvenir par l'intermédiaire de sa famille... un très joli foulard de soie... que je n'ai jamais eu le courage de porter.

Les surveillantes, à l'encontre des éducatrices, ne m'ont pas souvent facilité la vie. Un exemple entre autres : Il arrive fréquemment qu'une détenue soit appelée au parloir par sa visiteuse et que la surveillante annonce : « Elle ne veut pas venir. » Bien, c'est son droit. Les premières fois que j'entendis cette phrase, j'étais une visiteuse de fraîche date et je me suis dit que X ou Y n'avait pas envie de me voir. Pourquoi pas ? Je ne la redemandai plus à la visite suivante. Mais heureusement une codétenue me dit alors « telle ou telle voudrait que vous la demandiez » et j'apprenais que ma « cliente » n'avait jamais dit qu'elle ne « voulait » pas me voir, elle avait soit déclaré qu'elle était souffrante, soit qu'elle allait chez le dentiste, soit encore qu'elle aurait préféré me voir plus tard. Jamais une surveillante ne m'a transmis un message correct.

Une très jeune fille, paumée et misérable m'avait demandé s'il était vrai que j'étais bénévole. Cela était très important pour elle dans ses rapports avec moi. J'ai eu beaucoup de mal à la convaincre. Et puis un jour je l'ai vue arriver en larmes, une surveillante lui avait ri au nez et lui avait certifié que j'étais grassement payée pour ce que je faisais. J'ai eu beaucoup de mal à ne pas réagir trop violemment vis-à-vis de la surveillante en question.

Quand pour la première fois une détenue m'a posé cette question : « Qu'est-ce que vous avez vu au cinéma dernièrement ? » Je me suis sentie un peu gênée. Je n'aurais jamais pensé aborder ce sujet, mais je me suis rendu compte que si je racontais parfois, quand l'humeur n'était pas trop au tragique, ce qui se passait à l'extérieur, si je leur apportais des bouffées d'air d'ailleurs, cela aussi pouvait les aider.

Après quelque temps, à la MAF [1], un certain nombre de détenues se sont mises à me demander nominativement. Bien

---

1. Maison d'arrêt des femmes.

entendu cela n'a pas traîné, j'ai été convoquée chez la directrice qui m'a déclaré sur un ton très sec qu'il n'était pas question que des détenues puissent choisir leur visiteuse, et que celles qui me demanderaient personnellement seraient certaines de ne pas m'avoir. Les autres avaient une chance sur trois de tomber sur moi, puisqu'à l'époque nous étions trois visiteuses [1].

J'ai eu, surtout au début de mon activité, des rapports très difficiles avec la direction. On m'accusait de faire de la sensiblerie, de trop materner les détenues, de croire tout ce qu'elles racontaient, de leur donner mon adresse personnelle, alors que, je le répète, cela ne m'a jamais attiré aucun ennui.

Il m'a même été reproché de trop rire au parloir. En effet il est interdit dans les couloirs de rire, chanter, siffler et courir.

Je me suis vu interdire, durant les mois d'été, quand la MAF est une vraie serre grâce aux plafonds vitrés de certaines salles et au manque de stores, d'apporter des pochettes d'échantillons d'eau de toilette qui permettaient aux femmes de se rafraîchir un peu.

Les éducatrices, après s'être beaucoup méfiées de cette « bourgeoise » qui venait se faire une bonne conscience, m'avaient définitivement adoptée, et nos rapports étaient généralement excellents.

---

1. Aujourd'hui je suis visiteuse à Fresnes, et le fait que des détenus me demandent nominativement ne pose aucun problème.

XII

CAS PARTICULIERS

J'ai déjà parlé d'Anaïs qui est un cas, mais un cas parmi bien d'autres, avec ses multiples tentatives de suicides, ses crises de violence, ses hurlements et ses larmes, sa spontanéité, sa naïveté incroyable. Anaïs a été la « première ». Je l'ai reçue comme un coup de poing. Je n'oublierai jamais le jour où elle s'est mise torse nu au parloir pour me montrer son nouveau soutien-gorge, le jour où elle suça ma pochette d'eau de toilette (ce qui me fit d'ailleurs comprendre pourquoi on m'interdisait d'en apporter). Je me souviens aussi du jour où j'étais venue la chercher à une de ses sorties avec son frère que j'avais miraculeusement retrouvé. Elle m'invita à déjeuner avec l'argent que je venais de lui donner, toute fière de pouvoir me traiter honorablement.

Ce qui m'a toujours frappée et bouleversée, c'est l'incommensurable fraîcheur de la majorité des jeunes délinquantes, quelle que soit la nature de leurs délits ou du contexte de leur vie hors de la prison.

Ainsi une autre fille de dix-neuf ans qui avait participé à un hold-up au cours duquel il y avait eu un blessé grave, m'a déclaré très sérieusement : « J'aurais pu mal tourner »...

Fatima, experte en vol à la tire, avec laquelle je suis allée prendre un verre au bistrot d'Aubervilliers, m'a dit au moment où j'allais fermer ma voiture à clé : « Ce n'est pas la peine de faire ça, ici vous ne risquez rien, la voleuse c'est moi! »

Cette femme qui, après le meurtre d'un policier qui l'avait violée, me demandait de lui apporter les paroles de *Ne me quitte pas* de Jacques Brel.

Une autre petite voleuse déclarait : « Je ne travaille pas, car je ne fais pas partie de la société et je ne veux pas payer d'impôts »...

Une jeune Anglaise qui avait fait neuf mois de prison pour vol, n'a eu de cesse que je n'aille rechercher son chien en peluche, haut de un mètre, qu'elle voulait rapporter à sa sœur en Angleterre. Le chien avait été confisqué par le commissaire de police du quartier où elle avait été appréhendée, et je suis allée avec ma voiture le rechercher...

Il y a eu aussi Dorothy, qui avait été arrêtée à l'aéroport pour trafic de drogue et qui était expulsée à sa sortie de prison. Elle risquait fort de ne jamais revoir Paris de sa vie, mais son seul souci pendant l'après-midi qu'elle passa dans la capitale avant son départ fut de s'acheter des faux cils.

Une jeune prostituée à laquelle je conseillai d'assister à une causerie sur le planning familial refusa, car elle « n'avait nulle envie d'assister à une conférence pornographique, et qu'il y avait des choses qui se faisaient mais dont on ne parlait pas ».

Mme N. avait tué son mari lors d'une crise d'alcoolisme – c'était à celui qui embrocherait l'autre – et avant de comparaître aux assises m'a déclaré : « Je mettrai un brassard noir et un voile », et à ma question naïve : « Pourquoi? » répondit : « Mais je suis en deuil voyons! » C'est la même qui tout le temps de sa détention préventive pleurait deux visites sur trois en me parlant de son chien disparu.

Fernande aussi avait tué son mari : « Cela m'a coûté assez cher pour une bêtise de rien! » Une prostituée marseillaise qui parlait comme une héroïne du XIXe siècle : « Je fais la vie. » Une autre prostituée (les prostituées ne vont pas en prison parce qu'elles se prostituent puisque la prostitution est autorisée, mais pour entôlage ou cambriolage) à laquelle je demandais si le profit des cambriolages qu'elle faisait valait les risques qu'elle prenait, me répondit en me regardant avec commisération : « Parfois je ramasse un million ou deux, pour vous autres qui travaillez, c'est beaucoup, pour nous ce n'est pas grand-chose », et à ma question : « Que faites-vous de cet argent. – Je bois, je me drogue, je fais la foire, je m'esquinte quoi... »

Une autre se racontait des « contes de fées » : « Je veux partir! Je ne peux plus le supporter! Dites-le aux autres, je vais finir par tuer quelqu'un. D'ailleurs pour m'évader d'ici j'assommerai qui il faut! Pour l'argent, en sortant d'ici je me fais 500 francs, dans les dix minutes, après j'irai au commissariat le plus proche, ils ne sauront pas encore que je me suis évadée, je me ferai faire une carte d'identité et je partirai pour la Suisse... »

Que penser de la naïveté de la petite Algérienne expulsée qui se cachait dans Paris et qui m'a écrit à la prison, en mettant son adresse au dos de l'enveloppe...

Une infanticide se plaignant de son frère qui ne lui donnait pas de nouvelles : « Pourquoi est-ce que mon frère ne m'écrit pas? Ce qui m'est arrivé, c'est une chose qui peut arriver à tout le monde! » Josée, arrêtée pour agression dans le métro : « Si j'avais de l'argent, je ferais comme ceux qui en ont, j'en donnerais à mon avocat qui paierait le juge, et je sortirais! »

Gupta, la petite Indienne arrêtée pour trafic de drogue, puis expulsée sans jugement, avait, avec l'autorisation de son juge d'instruction, passé une semaine chez moi. Elle déballait ses affaires et en sortait une quantité impressionnante de flacons de parfum de grande marque. Devant mon étonnement elle me déclara que son mari (condamné à cinq ans de prison) les lui avait offerts avant son arrestation. Les flacons me paraissaient étranges et en les examinant de plus près je m'aperçus qu'ils étaient factices. Il avait dû les voler aux étalages d'un grand magasin. Je me gardai bien de le lui dire, ne voulus pas « dévaloriser » son mari à ses yeux...

Et Maryse, cambrioleuse patentée : « Je ne me sens pas indépendante, je me suis toujours raccrochée à tout le monde, animaux, garçons, filles. J'ai besoin d'affection, j'ai pas besoin de plumard! »

Toutes ces naïvetés, toutes ces inconséquences, cette inconscience, montrent à quel point la majorité des détenues ne *comprend* pas, ne *sait* pas. Elles sont infantiles, immatures, désemparées, totalement seules.

Il n'y a qu'à voir le succès des petites annonces de *Libération,* et le nombre de mariages catastrophiques qui en découlent. Dans la plupart de ces mariages désastreux les deux conjoints sont des détenus, et l'homme la plupart du temps un proxénète. La tactique est toujours la même : l'homme met une annonce gratuite et la femme y répond. Il arrive parfois que ce soit la femme qui mette l'annonce la première. Une correspondance s'engage. Parfois une détenue a plusieurs correspondants à la fois. L'homme ou les hommes se mettent à envoyer des mandats. Si la femme est jugée alors que l'homme est en liberté, il assiste au procès, si la fille lui en communique la date. Le jour de la libération, il vient la chercher à la sortie et le tour est joué.

Je me suis trouvée un jour au procès d'une jeune fille dont le correspondant était présent à l'audience. Couvert de gourmettes et de bagues, sa profession ne faisait aucun doute. La jeune fille en question devait être libérée le soir même, et cela a été très difficile de la faire sortir de Fleury-Mérogis et de l'emmener en un lieu relativement sûr sans qu'il puisse la suivre.

Parfois les mariages ont lieu sans que les deux conjoints se soient jamais vus auparavant. Il ne faut plus aucune autorisation, du moins pour les Français; les étrangers doivent demander l'autorisation du préfet.

Les femmes ont un tel besoin de penser à quelqu'un de précis, de prendre même épistolairement soin d'un homme, qu'elles se marient souvent avec des détenus qui ont encore cinq ou dix ans de prison devant eux. Après, eh bien, elles n'ont plus qu'à les entretenir...

XIII

MARIAGES EN PRISON

Il y a des fréquents mariages dans les prisons. Parfois ce sont des mariages entre un homme et une femme qui se sont connus avant l'arrestation de l'un ou de l'autre, ou même des deux, parfois des mariages de couples qui ne se sont jamais rencontrés, et qui ne se connaissent que par correspondance. J'ai été une fois le témoin d'une jeune femme détenue à Fleury-Mérogis, alors que son futur mari l'était lui-même à la prison de la Santé.

Ces deux-là se connaissaient bien. Et ils s'aimaient. Beaucoup. La fiancée avait tenu, étant très superstitieuse, à ce que chaque vêtement qu'elle porterait sur elle ce jour-là soit absolument neuf. Elle avait une robe blanche, un grand chapeau, des gants blancs, et des souliers à très hauts talons. Elle tenait beaucoup à ces talons. J'avais obtenu la permission de lui apporter des chaussures qu'elle n'eut le droit de mettre qu'à cette occasion, et je lui offris un bouquet de fleurs qui fut bien sûr soigneusement examiné. Et si j'y avais caché une grenade? Le mariage eut lieu un jour très froid de février. Comme Josette n'avait pas de manteau neuf et qu'elle ne voulait pas mettre un vêtement déjà porté, elle accomplit grelottante tout le trajet de Fleury-Mérogis à la Santé, revêtue seulement de sa robe de mariée. Le panier à salade dans lequel elle se trouvait était escorté par des motards et des C.R.S. Cette escorte qui l'accompagnait dans ses déplacements lorsqu'elle se rendait aux instructions au Palais était bien entendu facturée dans ses frais de justice. Je dois préciser que le couple des deux fiancés était à juste titre considéré comme dangereux.

Devant la Santé attendait la famille au grand complet. Père, mère, frère et sœur. On nous fit tous entrer dans une petite salle munie de barreaux qui se trouvait au rez-de-chaussée de la prison. Josette arriva, elle était accompagnée d'une surveillante de la prison de Fleury-Mérogis. Le fiancé pénétra dans la pièce quelques instants plus tard. Le témoin de la mariée, qui devait être son avocat, était en retard. Dès que le fiancé fut introduit dans la cellule, car c'était une sorte de cellule, le fonctionnaire de l'administration pénitentiaire qui était présent, ainsi que plusieurs surveillants, proposa que l'on procède à la cérémonie du mariage sans plus tarder. Toujours pour éviter des risques supplémentaires. L'avocat fut donc remplacé au pied levé par mon ex-mari qui avait obtenu l'autorisation d'assister à la cérémonie. Bien entendu, il y avait l'adjoint au maire indispensable.

Il n'y eut pas de discours, les formalités furent réduites au minimum. Le mari passa l'alliance au doigt de son épouse, celle-ci en fit autant. La mère de la mariée était en larmes comme dans un bon mariage bourgeois. Nous eûmes le droit d'embrasser les heureux époux, l'on signa sur le registre de la mairie et l'on se sépara. La cérémonie avait duré environ un quart d'heure.

XIV

FEMMES ENCEINTES ET NOURRICES

Lorsqu'une femme enceinte se trouve incarcérée à la maison d'arrêt des femmes, elle y reste jusqu'au septième mois de sa grossesse. Elle est alors transférée à l'hôpital de Fresnes, au service de maternité. Ce service est dirigé par des religieuses.

La jeune femme détenue y dispose d'une cellule aux fenêtres comportant des barreaux, ce qui n'est pas le cas à Fleury où les vitres sont incassables. Dans chaque cellule se trouvent le lit, une table et une chaise. Plus tard il y aura un petit lit d'enfant (le classique berceau pliant) et un pèse-bébé. Une fille de service (une détenue) fait le ménage, la cuisine, sous la surveillance d'une religieuse, et fait marcher la machine à laver le linge. Elle est payée 6 francs par jour et travaille 6 heures par jour. Les prélèvements habituels sont déduits de son salaire.

Jusqu'à il y a peu de temps, les accouchements avaient lieu à Fresnes. A présent ils ont lieu à l'Hôtel-Dieu.

Après l'accouchement les mères restent un mois à un mois et demi à Fresnes avec leur enfant. Celles bien entendu qui ont décidé de le garder, les autres le donnent à l'Assistance publique. 3 % des femmes ayant accouché en prison le font.

Elles n'ont rien d'autre à faire que de changer leur enfant, et tricoter. La visiteuse de la maternité est chargée de leur acheter de la laine à leurs frais. J'indique en passant qu'en principe une visiteuse de Fresnes ou de la Santé ou de Fleury, n'a le droit de pénétrer que dans le centre pénitentiaire auquel elle a été affectée. Mais lorsqu'une de mes « clientes » se trouvait à l'hôpital de Fresnes, parce qu'elle était malade ou enceinte, j'avais le droit d'aller la voir, mais pas trop souvent car cela posait parfois des problèmes avec les visiteuses attachées à l'hôpital. Il en est de même avec la centrale de Rennes où je n'avais le droit de voir que celles que j'avais suivies à Fleury-Mérogis, à l'exclusion des autres. Ainsi, à présent, je suis visiteuse à la prison de Fresnes, ou je ne m'occupe plus que des hommes, et n'ai plus le droit de me rendre à Fleury-Mérogis.

Les mères détenues n'ont pas le droit comme à Fleury de préparer les biberons de leur enfant, ni de leur prendre elles-mêmes leur température. D'ailleurs elles n'ont pas de thermomètre dans leur cellule. Il faut donc toujours faire appel à la sœur en cas de problème.

L'enfant qui naît à Fresnes porte sur son acte de naissance la mention « né à Fresnes, 1, avenue de la division Leclerc ». Or tout le monde sait qu'à Fresnes il y a une prison, et je pense que même s'il n'y avait pas l'adresse de la prison mais seulement la mention Fresnes, automatiquement la plupart des gens penseraient à la prison. J'ai du mal à imaginer que des êtres libres vivent à Fresnes. Tout autour du bâtiment principal se trouvent des petits pavillons, parfois assez coquets, dans lesquels vivent les employés de l'administration pénitentiaire et vous pouvez voir en sortant de la sinistre bâtisse des enfants jouer tout autour de la prison. Je me suis souvent demandé si lorsqu'une surveillante ou une femme de surveillant accouchait elle le faisait à l'hôpital de Fresnes ou si elle préférait que son enfant naisse à une autre adresse. La mention « né à Fresnes » équivaut à déclarer que l'enfant est né à la prison, ce qui ne me paraît pas particulièrement souhaitable. Je m'en excuse auprès des habitants de Fresnes. Cette opinion n'engage que moi.

J'ai eu à m'occuper d'une jeune femme, laquelle d'ailleurs n'était revenue pour la troisième fois en prison que pour y purger un sursis qui avait été révoqué. Elle ne s'est aperçue qu'après son arrivée à Fleury-Mérogis qu'elle était enceinte. Son accouchement devait avoir lieu dans les derniers jours de septembre, et sa peine prenait fin le 27 de ce mois. Elle fut transférée à Fresnes et nous espérions beaucoup que l'enfant ne naîtrait pas à la prison. Tout avait été organisé à l'hôpital Baudelocque. Le 26 septembre, je reçois une lettre affolée, dans laquelle Laurette me disait qu'elle avait une contrainte par corps de 350 francs à payer pour frais de justice. Bien entendu elle n'en avait pas le premier sou, et elle se savait sur le point d'accoucher. On ne la laisserait pas sortir tant qu'elle n'aurait pas payé. Pouvais-je lui envoyer cette somme qu'elle me rembourserait dès qu'elle serait sortie et aurait un peu « travaillé » (Laurette était prostituée)...

J'ai commencé par téléphoner à l'assistante sociale de la maternité qui me confirma la lettre de Laurette. Comme il m'était absolument impossible ce jour-là de me rendre à Fresnes je dis à l'assistante sociale que j'allais envoyer un mandat télégraphique dans l'heure qui suivait. Pouvait-on prévoir la sortie de Laurette pour le lendemain qui était le jour légal de sa libération? Non, elle ne pouvait rien prévoir du tout, tant qu'elle n'avait pas le mandat. Je me précipitai à la poste. Lorsque je demandai s'il y avait une possibilité d'envoyer un mandat télégraphique en express qui puisse être délivré aussitôt, on me répondit qu'en prison le courrier n'était distribué qu'une fois par jour. Je commençai stupidement à expliquer que si ce mandat arrivait à temps il permettrait à un enfant de ne pas naître en prison, on me répondit aussitôt qu'ayant été dévalisé deux fois au cours de ces derniers mois, on se moquait pas mal de l'endroit où naîtrait l'enfant d'une de ces « salopes ». Je vis le moment où mon mandat ne partirait pas du tout. Mais, en fin de compte tout finit par s'arranger et Marie-Josèphe naquit à l'hôpital Baudelocque, boulevard du Port-Royal à Paris.

La mère et l'enfant né à Fresnes sont donc transférés lorsque l'enfant a atteint un mois et demi, à la MAF au quartier des nourrices. Ce quartier est totalement séparé du reste de la détention. En fait, ce n'est pas celui qui était destiné à cet usage lors de la construction des bâtiments, mais depuis le début de la mise en service de la MAF, ce dernier a été occupé par la congrégation de religieuses qui y travaillent. Le quartier des nourrices actuel n'est donc pas celui qui était prévu, et ses accommodements sont tout à fait insuffisants. La cellule d'une mère avec son enfant est identique à celle des autres détenues, donc très petite, mais comporte en plus un lit d'enfant qui ne sert généralement à rien car l'enfant dort le plus souvent avec sa mère, ce qui rend plus terrible encore le moment de la séparation. Un enfant détenu « a le droit de demeurer avec sa mère jusqu'à l'âge de dix-huit mois [1] ». Si quelqu'un de la famille maternelle ou paternelle veut se charger de l'enfant, il lui est confié, sinon il est remis à la D.D.A.S.S.

En détention un enfant vit avec sa mère vingt-quatre heures sur vingt-quatre, car elle seule peut et doit s'en occuper. Elle le tient dans ses bras la majeure partie de la journée... et de la nuit. Pendant les visites au parloir, elle peut le confier à une religieuse chargée de la division des nourrices, éventuellement à ses camarades codétenues. Bien entendu il y a aussi les quelques transferts aux instructions, mais cela est plus rare. Le reste du temps, jour et nuit, elle est confinée soit dans sa cellule soit dans la minuscule salle commune ou encore dans une cour sans arbre, sans tas de sable pour permettre au jeune enfant de jouer, cour dans laquelle elle tourne en rond avec une poussette quand elle en possède une.

La mère n'a pas le droit de préparer les repas de son enfant. Elle ne peut que le garder, le laver, lui faire prendre ses repas. Elle doit appeler la surveillante si elle pense que son enfant est malade. Si elle veut qu'un médecin le voie, elle le demande à la surveillante. La nuit, l'enfant s'habitue comme la mère à

1. Le décret du 3 juillet 1979 précise qu'une commission composée d'une psychologue, d'un pédiatre, d'un chef d'établissement et d'une assistante sociale, présidée par un magistrat décidera dorénavant de l'opportunité du départ d'un enfant et de sa séparation d'avec sa mère. La première commission de ce genre a dû à ma connaissance se tenir au début de mois de décembre 1979.

être réveillé fréquemment par la lumière allumée par la surveillante qui fait sa ronde dans les couloirs et inspecte les cellules; bref, l'enfant ne demeure jamais seul dans une pièce et ne voit pour ainsi dire jamais d'hommes (en dehors des quelques visites du médecin et de l'aumônier), ce qui est très mauvais sur le plan psychologique. Enfermé dans la cellule à partir de 17 h 30, il commence très tôt à souffrir de claustrophobie, et il arrive fréquemment que des petits enfants commençant à peine à se tenir debout, hurlent et tapent dans les portes dès qu'ils se trouvent enfermés. Cette vie carcérale pour un enfant, dont les premières années de vie sont primordiales, cet univers qui se résume aux mêmes quatre murs, aux mêmes visages, à une nourriture monotone, cette vie uniforme, ne permettent certainement pas son épanouissement. Les enfants élevés en prison sont la plupart du temps plus capricieux, plus apathiques et en même temps plus nerveux que des enfants vivant en liberté.

Dans la salle commune se trouve la télévision, l'unique distraction des mères, avec le tricot. Elles n'ont pas le droit d'assister à aucun cours, à aucune séance récréative, bref à aucune activité. « Puisqu'elles ont choisi de garder leur enfant, cela doit leur suffire! » Certaines se plaignent de ce que cette télévision marche sans arrêt, mais la plupart d'entre elles la regardent tout le temps, et l'on sait à quel point cela est malsain pour un enfant.

On se dispute souvent dans cette salle; on y entend beaucoup crier, hurler. Vivant en vase clos les femmes sont nerveuses, agressives entre elles.

« Les nourrices » n'ayant pas le droit de travailler en atelier n'ont pas les moyens de cantiner. Elles manquent ainsi de tout le « superflu » si nécessaire. Cela va à l'encontre du programme de réinsertion. Ces mères ne sont absolument pas éduquées en vue d'un comportement maternel adéquat. Elles n'ont pas le droit de travailler, donc d'assumer la responsabilité de leur enfant. Bien au contraire, on les punit de l'avoir mis au monde et de l'avoir gardé auprès d'elles au lieu de s'être fait avorter ou de l'avoir abandonné.

Lorsqu'une mère nourrice reçoit des visites de famille,

toujours derrière son dispositif de sécurité, elle amène en général son enfant avec elle. Quand elle a un parloir avec son avocat ou avec sa visiteuse, que ce soit à Fleury ou à l'hôpital de Fresnes, elle n'en a pas le droit. Elle n'a pas non plus le droit de confier son enfant pour quelques jours à un membre de sa famille, et de le reprendre ensuite. Cela pour éviter les risques pour l'enfant d'attraper une maladie et de la propager à l'intérieur du quartier des nourrices. Personnellement j'ai eu le privilège, lors de visites des mères détenues à Fresnes de les rencontrer dans une pièce (une ancienne cellule aménagée à cet effet à l'étage de la maternité) avec leur enfant. Il est difficile d'expliquer l'émotion et la pitié que l'on peut ressentir devant un nouveau-né vivant dans ces conditions...

J'ai eu aussi l'occasion de garder vingt-quatre heures chez moi un enfant « libéré ». Il arrivait tout droit de Fleury et avait onze mois, âge auquel normalement un enfant rampe, et même commence à marcher. Celui-ci quand je l'ai posé tout naturellement chez moi sur la moquette, s'est mis à hurler. Sa mère ne l'avait jamais laissé par terre car le sol des cellules est recouvert de linoléum, et elle craignait qu'il ne glisse [1].

La libération est un choc aussi grand pour la mère que pour l'enfant, du fait du manque d'expérience de celle-ci qui n'a jamais pu assumer complètement son enfant durant son incarcération.

Une grande angoisse se saisit de ces jeunes femmes, qui n'ont le plus souvent personne à leur sortie pour les conseiller dans les soins à donner à leur enfant.

Mais toutes les mères ne sont pas libérables au bout des dix-huit mois réglementaires et toutes attendent avec anxiété le moment fatal où leur enfant leur sera retiré.

Les enfants prisonniers sont pathologiquement attachés à

---

1. J'avais eu la possibilité de me procurer gratuitement des chutes de moquette que l'on aurait pu poser dans les cellules des nourrices. La directrice, lorsque je lui en ai parlé, a catégoriquement refusé me disant : « Que comme elles ne faisaient rien de la journée, elles n'avaient qu'à se faire des tapis au crochet » !

leurs mères. Le moment de la séparation, qui arrive brutalement (généralement la mère n'est prévenue qu'au dernier moment), est atroce. Tout le monde sait qu'un enfant ressent très fortement l'état nerveux de sa mère, surtout un enfant élevé dans les conditions décrites ci-dessus.

La mère vit à l'état permanent dans une crainte et angoisse parfaitement justifiées, car elle sait que *rien* ne pourra empêcher qu'à un moment donné on la sépare de cet enfant avec lequel elle a vécu en symbiose totale depuis sa naissance. C'est dire l'état de ses nerfs, et par conséquent celui de son enfant. Tous ces enfants nés et élevés en prison ont le même regard triste, les gestes brusques des petits enfants mal équilibrés. Quel sera leur avenir?

Au moment de la séparation, le personnel socio-éducatif – tout le personnel d'ailleurs – et bien sûr les visiteuses peuvent et doivent intervenir. Il est impossible pour qui que ce soit, et particulièrement pour une mère, d'imaginer ce que peut ressentir une détenue au moment du départ de son enfant. La présence d'une visiteuse de prison au moment de la séparation entre la mère et l'enfant est certainement parmi les démarches les plus difficiles, et les plus ingrates de son activité. Il faut de la présence, de la chaleur, de la tendresse et beaucoup de force intérieure. Je me suis trouvée plusieurs fois auprès de certaines d'entre elles peu après qu'on leur eut enlevé leur enfant (emmené par une surveillante et remis selon le cas à un membre de la famille ou à une assistante sociale de la D.D.A.S.S.). Certaines mères réagissent par un chagrin allant des larmes à l'évanouissement, d'autres sont durcies par la colère – la haine – la révolte. Mais c'est toujours le désespoir total, car il y a si peu d'espérance au bout de la course...

Il leur reste le recours si nocif, distribué pratiquement à volonté et conseillé par le service médical, des tranquillisants. Les doses sont énormes. Il arrive fréquemment que dans la même journée une femme ingurgite 150 grammes de Séresta, accompagné au moment du coucher d'un comprimé de Mépronizine.

Que ce soit dans les revues spécialisées, au cours des

colloques d'associations diverses, dans les projets de lois, pourquoi le problème des enfants de détenues est-il si peu abordé? Les premiers mois, les premières années de sa vie sont terriblement gommés, sacrifiés, alors que les discussions passionnées se sont déroulées « entre des membres de l'administration pénitentiaire au moment de la mise en service du quartier des femmes de Fleury-Mérogis, pour savoir si les détenues seraient autorisées ou pas à tricoter [1] », ce qui leur a d'ailleurs été accordé.

EMPLOI DU TEMPS
DU QUARTIER DES NOURRICES

6 h 45 – Bouillie. Porte refermée. Change des bébés. Ménage. Lessive dans la cellule.

7 h 45 – Petit déjeuner.

8 h – Bain du bébé.

9 h – Portes ouvertes sur le couloir. Les détenues n'ont pas le droit de se parler ni d'aller les unes chez les autres.. 2 par 2 de service pour le ménage de la salle de repassage et de la salle de jeux.

9 h 30 – Salle de jeux ou repassage.

10 h – Jus d'orange dans les cellules pour les enfants. Salle de jeux jusqu'à 11 heures.

11 h – Ré-enfermées dans les cellules.

11 h 15 – Repas des enfants dans les cellules.

11 h 45 – Repas des mères. Cellules fermées jusqu'à 14 heures. Sieste des enfants.

---

1. *Revue pénitentiaire et de droit pénal,* n° 4, octobre-décembre 1976. Intervention de M. Sacotte, magistrat à l'administration centrale du ministère de la Justice lors de l'assemblée générale de la Société des prisons du 22 juin 1974.

14 h — Portes ouvertes. Sortie dans la cour si le temps le permet.

La cour est au rez-de-chaussée à côté de la division de l'isolement et à environ 6 m sur 15. Il y a un peu d'herbe, un petit abri. La promenade est sous la surveillance de la sœur.

Les mardis, jeudis et dimanches, de 14 h 30 à 16 heures ou jusqu'à 17 heures : cours.

Les mercredis et vendredis : activités (poupées de chiffon, coussins qu'elles peuvent garder).

Le mardi une sœur devait depuis quelque temps venir donner des leçons de tricot et de couture.

16 h — Retour aux cellules. Goûter des enfants. Retour à la salle de jeux jusqu'à 17 heures.

17 h — Retour aux cellules. Portes fermées.

17 h 45 — Dîner des mères.

18 h 30 — Dîner des enfants.

Bains des enfants à volonté. Les mères prennent leurs douches 2 fois par semaine.

Le dimanche on ne peut pas aller à la messe à cause des enfants.

S'il y a des parloirs, les sœurs gardent les enfants dans la salle de jeux.

XV

VISITES DES ENFANTS
AUX MÈRES DÉTENUES À FLEURY-MÉROGIS

A Fleury-Mérogis tout enfant de moins de treize ans, a, depuis peu, droit au parloir libre avec sa mère une fois par semaine. Par parloir libre on entend un parloir qui ne comporte pas de dispositif de sécurité, c'est-à-dire une vitre de séparation ne permettant aucun contact entre la détenue et le visiteur. Ces parloirs supposent que la personne qui amène l'enfant dispose de tout un après-midi, et de préférence d'une voiture. Il existe bien des autobus qui partent de la place Denfert-Rochereau, mais ils sont rares et coûteux. L'enfant est conduit vers sa mère par une surveillante, en aucun cas par la personne qui l'a amené. Cela donne souvent lieu au début de la visite à des cris et des larmes, car l'enfant ne connaît pas la surveillante et est effrayé par le cadre dans lequel il se trouve. La mère, qui a toute la semaine attendu son enfant avec angoisse, a souvent cantiné à son intention des bonbons et des jouets, achetés par le truchement de La Redoute ou des Trois Suisses (source majeure sinon unique des achats des détenues). Souvent, un enfant réagit très violemment au premier contact après la séparation. J'ai vu des femmes désespérées car leur enfant avait hurlé, les avait frappées, mordues, leur avait donné des coups de pied. Certains tirent leur mère vers la porte et essaient de l'emmener avec eux. D'autres renversent les chaises, tapent sur les murs.

La plupart du temps les mères ne comprennent pas que ces réactions sont dues à l'amour et à la peur. L'enfant leur en veut de ne pas l'avoir gardé. Il ne comprend pas. Il ne peut pas comprendre. Il m'est arrivé d'avoir recours à une psychologue de mes amies à laquelle je demandais de correspondre avec certaines mères et d'essayer de les aider dans leurs nouveaux rapports avec leurs enfants.

Les premiers parloirs libres sont donc de terribles épreuves pour la mère et l'enfant. Petit à petit, l'enfant s'habitue. Mais parfois aussi il s'ennuie, ne demeure pas auprès de sa mère et essaie de jouer dans le couloir.

Au moment du départ, souvent de nouveaux cris, de nouveaux pleurs. Encore un arrachement, et la semaine d'attente recommence pour la détenue en proie aux appréhensions de toute sorte. « Il ou elle va être enrhumé. Il aura un accident de voiture. Est-ce qu'il va encore pleurer? » L'état d'une mère en détention est certainement le plus dur à supporter.

Fleury-Mérogis étant une maison d'arrêt, donc réservée aux courtes peines, c'est-à-dire à des peines de moins d'un an, les condamnées aux longues peines sont transférées à la maison centrale de Rennes. Là, les visites deviennent encore plus rares et plus compliquées, car les mères détenues viennent de toute la France. Il s'agit donc de pouvoir assumer les frais d'un vrai voyage, et d'un séjour. Peu nombreuses sont les familles qui peuvent se le permettre souvent. Cette visite qui est un besoin vital, tant pour la mère que pour l'enfant, devient un vrai luxe. Quant aux enfants pris en charge par la D.D.A.S.S., leur déplacement entraîne toutes sortes de complications administratives auxquelles il est difficile de faire face très souvent. Ce sont en général des éducatrices qui se chargent d'amener et ramener les enfants. Les visiteuses le font aussi parfois.

Souvent je me demande quelle serait la meilleure solution...

D'aucuns préconisent que le mieux serait de retirer l'enfant à la mère dès sa naissance (tout le monde sait à quel point la chaleur corporelle maternelle est bénéfique à un enfant), d'autres déclarent qu'il faut les laisser jusqu'à trois ans, d'autres solutions sont encore suggérées. Jusqu'à celle, de demander la libération des mères.

XVI

LIBÉRATION

Un des moments les plus heureux, les plus gratifiants de mes fonctions de visiteuse est celui où devant la porte de la prison j'attends la sortie d'une libérée ou d'une permissionnaire. Pour ce qui est d'une libération, celle-ci ne s'effectue pas du tout dans les conditions que l'on imagine et qui sont si souvent décrites dans des romans ou montrées à l'écran. S'il s'agit d'une personne qui est acquittée à l'issue d'un procès, ou dont la durée de détention préventive couvre le temps de la condamnation, il n'est pas question pour elle de quitter le Palais de justice en toute liberté après le verdict. Elle doit d'abord redescendre dans ce que l'on nomme la Souricière, lieu sinistre et abominable, dans lequel elle a déjà séjourné avant de pénétrer dans la salle d'audience. Là, même si son affaire s'est terminée, mettons à 15 heures, elle attend jusqu'au soir, parfois jusqu'à 19 heures, 20 heures ou plus, que tous les « pensionnaires » de sa prison, Fleury, Fresnes, la Santé, et autres maisons d'arrêt de la région parisienne se trouvent rassemblés.

Elles remontent dans les fourgons cellulaires qui les ont amenées le matin pour leur procès, sans menottes cette fois-ci, et réintègrent leurs prisons respectives. A leur arrivée à Fleury, les femmes « libérées » sont ramenées dans leurs cellules après avoir été fouillées « à corps », c'est-à-dire déshabillées. Elles attendent ensuite que les papiers justifiant de leur levée d'écrou soient renvoyés du Palais de justice. Cela serait trop simple et trop rapide que ces documents soient amenés par le même véhicule que les détenues. Une fois les levées d'écrou à bon port (pendant ce temps les femmes font leurs bagages), on procède à différentes manipulations de paperasseries au bureau de la maison d'arrêt des femmes. Ensuite une fourgonnette emporte les libérées et leurs paquets (il est rare que ce soient des valises, la plupart du temps ce sont des cartons incommodes à transporter), vers le bâtiment principal, le grand quartier à la prison des hommes qui se trouve à environ trois cents mètres et où a lieu, au greffe principal, la levée d'écrou proprement dite.

Lorsque toutes ces manœuvres ont pris fin (cela dure deux ou trois heures), elles montent dans une autre fourgonnette qui les attend dans la cour intérieure de la prison, et c'est alors qu'elles sont déposées à la gare la plus proche, celle de Juvisy, quand personne ne les attend à l'extérieur. Les autres peuvent rejoindre ceux qui sont venus les attendre, sur une petite place en face de la maison d'arrêt à une centaine de mètres de là (il est rigoureusement interdit à qui que ce soit d'approcher du bâtiment qui est gardé par des C.R.S.

Le résultat de toutes ces péripéties est que lorsque des parents ou des amis décident, après le procès, de venir attendre la sortie de la libérée, s'ils ne sont pas au courant de la manière dont les choses se passent, ils attendent parfois trois ou quatre heures dehors, et par tous les temps. Maintenant, je ne me presse pas, mais il m'est arrivé au début de ma carrière de visiteuse de me précipiter à Fleury et d'attendre ainsi dans la nuit pendant des heures. Et encore j'ai une voiture, mais il n'en est pas ainsi pour tout le monde. Alors comment font-ils?

Celles que personne n'attend reçoivent 30 francs et un billet de train avant d'être déposées à la gare. J'ai connu des filles de dix-huit ans qui, en plein hiver, passaient leur nuit sur un banc de la gare de Juvisy car il n'y avait plus de train.

Légalement une détenue a le droit de demander à passer une nuit de plus à la prison, mais il faut vraiment être exceptionnellement raisonnable, ou affreusement seule ou peureuse pour accepter de son plein gré de passer une nuit de plus en prison.

Lorsque la libération se fait à une date précise, les choses se passent un peu différemment. Les formalités de la levée d'écrou se font le matin, et c'est généralement vers 8 heures et demie, 9 heures, que je commence à attendre devant la prison. Chaque fois que j'ai vu sortir une femme libérée, j'ai été stupéfaite de la transformation que je découvrais sur son visage. Je les reconnaissais à peine. Ce n'était plus la même personne que celle que j'avais visitée régulièrement pendant des semaines, des mois et parfois davantage.

Le visage d'une libérée est toujours rayonnant de joie, elle se jette à mon cou, elle n'a plus le même regard.

Certaines commencent par allumer nerveusement une cigarette, d'autres se précipitent sur les chocolats ou les bonbons que j'apporte. Nous quittons les lieux détestables le plus vite possible. Parfois nous allons prendre un bon petit déjeuner dans un bistrot, parfois je les emmène chez moi. Là, généralement leur premier souhait est un bon café et un bain. Elles se lavent la tête, se prélassent dans un bain de mousse, se parfument, retrouvent dans leurs valises des vêtements qu'elles n'avaient pas pu porter depuis le jour de leur arrestation. Puis il y a les coups de téléphone. Lorsque ce sont des étrangères, mes notes de téléphone montent vertigineusement. Ensuite le premier vrai repas. Souvent pendant leur détention elles m'énumè-rent ce qu'elles souhaiteraient manger à leur sortie, et dans la mesure de mes moyens je m'efforce de le leur offrir. Mais après quelques sorties de détenues, je me suis aperçue que leur imagination était bien plus grande que leur appétit, et j'ai simplifié les menus. Souvent, surtout si la détention a été de longue durée, après le repas il y a un coup de dépression, de fatigue, et elles sombrent dans le sommeil alors qu'elles s'imaginaient que leur premier soir de liberté ne serait que sorties et réjouissances. Les jours qui suivent une libération ressemblent un peu à la « déprime » qui suit souvent un accouchement.

XVII

PERMISSIONS

Les permissions de sortir octroyées aux femmes, en vue de préparer leur réinsertion, ne sont pas toujours faciles à vivre. Elles ne sont pas non plus, contrairement à ce que l'on pense, faciles à obtenir. Il faut qu'un certain nombre de conditions soient réunies, ce qui demande beaucoup de démarches. Parmi les conditions exigées il faut une adresse honorable qui soit connue de l'administration pénitentiaire. La plupart du temps les détenues ne savent pas où aller, et c'est dans ces cas que la visiteuse de prison peut être utile.

Il m'est arrivé quelquefois de recevoir des permissionnaires de la centrale de Rennes et cela n'a pas toujours été facile. Mais jamais je n'ai eu d'ennuis à cause des femmes qui ont séjourné chez moi. Celles que j'ai reçues étaient pour la plupart étrangères. L'une d'elles était une jeune Américaine qui avait été condamnée à trois ans et demi de détention pour trafic de drogue. J'avais été sa visiteuse quand elle était en détention préventive à Fleury-Mérogis et je lui avais rendu visite à la centrale de Rennes. Je me suis proposée pour la recevoir chez moi lors de ses permissions et obtins l'autorisation nécessaire.

La première permission se passa très bien. Elle en profita largement. Elle avait quelques amis à Paris, se montra très gaie, très décontractée, sortit beaucoup, et repartit sans problème lorsque les trois jours de liberté parvinrent à leur terme. Elle bénéficia ainsi d'une permission tous les trois mois. Au fur et à mesure des permissions le moment du retour à la prison devenait de plus en plus pénible et pesait sur le séjour de Patricia dès l'instant où elle montait dans le train pour se rendre à Paris. A son dernier séjour elle pleura presque tout le temps qu'elle demeura chez moi et se terra dans mon appartement, refusant de sortir et de rencontrer qui que ce soit. Lorsque je la mis dans le train du retour pour Rennes, cela fut très dur pour elle et pour moi. Il faut réellement une grande force de volonté pour une femme qui sait qu'elle a encore des jours et des nuits à passer en prison, pour revenir ainsi, seule et de son plein gré. Pour celles qui retrouvent pendant leurs permissions un être cher, et surtout un enfant, cela est infiniment plus difficile encore. L'angoisse du retour à la prison est accrue par la douleur de l'enfant ou de l'être aimé.

Il y a aussi des permissionnaires qui vivent leur permission comme un traitement médical et se livrent, lorsqu'elles sont dans les conditions voulues, à une activité sexuelle intense. Celles-là reviennent à leurs cellules un peu plus apaisées que les autres. Mais toutes, du premier au dernier moment de leur si provisoire liberté, la vivent dans l'angoisse du retour à la prison et ne connaissent jamais une sensation de détente totale.

Parfois aussi des détenues bénéficient de permissions d'une journée dans la ville même où elles sont détenues, c'est-à-dire à Rennes. C'est ainsi que je fis sortir plusieurs fois Olivia. J'avais décidé de passer quarante-huit heures à Rennes et je m'étais installée dans un hôtel de la ville. Dans ma chambre il y avait un petit réfrigérateur qui contenait diverses boissons, entre autres du whisky et du champagne. Olivia arriva à 2 heures et demie de l'après-midi. La première chose qu'elle fit fut de faire couler un bain. Elle se précipita ensuite sur le réfrigérateur et vida un quart de champagne. Puis elle se prépara un whisky qu'elle emporta dans la salle de bains. En sortant de son bain elle se prépara un autre whisky et enfin nous nous lançâmes dans la ville. Elle était en pleine forme, très gaie et pas du tout « pompette ». (Elle n'était pas alcoolique en temps normal.) En fin de journée nous fîmes une halte dans un café. Elle reprit un autre whisky, puis souhaita revenir à l'hôtel où elle prit un second bain. Nous allâmes dîner dans un restaurant, là bien entendu elle but pas mal de vin rouge. Inutile de préciser que je fis de mon mieux pour la freiner dans ses libations, sans grand succès. Lorsque je la raccompagnai à la porte du centre de détention de Rennes à 9 h 30 du soir, elle était de très bonne humeur, surtout pour une permissionnaire en fin de course, mais parfaitement ivre. Elle me raconta plus tard que vu son état, elle fut conduite à l'infirmerie où elle passa une nuit très agréable à cuver son vin.

Mais toutes les permissions ne se déroulent pas aussi futilement. Il y a par exemple des femmes qui étudient en prison et qui, lors de leurs permissions, vont à l'université de Rennes voir les enseignants qui les suivent par correspondance.

Les permissions ont pour principal objectif de préparer les détenues à l'existence qu'elles reprendront une fois libérées. Or, ces permissions, d'une durée de un jour à une semaine, s'effectuent dans des conditions qui sont loin d'être favorables à leur réinsertion dans la vie normale. Elles sont généralement trop espacées, le plus souvent une fois par trimestre, et se passent dans des conditions chaotiques qui ne ressemblent en rien à la vie habituelle.

Elles ne sont octroyées qu'à celles qui ont été condamnées à de longues peines, et elles n'y ont droit qu'après avoir effectué au moins le tiers de leur peine. Les permissionnaires se trouvent brutalement propulsées dans un monde qu'elles ne connaissent plus. Que ce soit la traversée d'une rue, le fait de payer un billet de train ou de métro, de manipuler de l'argent, tout est pour elles un ensemble de gestes oubliés.

Les femmes sont angoissées, excitées par la perspective de cette liberté qui ne leur est que prêtée. Celles qui, en détention, prennent les calmants si généreusement distribués par le corps médical pénitentiaire, se retrouvent dans un état proche du *manque* des drogués. Elles se montrent soit d'une loquacité extrême, soit taciturnes et renfermées. Elles savent qu'elles doivent, en un minimum de temps, profiter au maximum de cette permission à laquelle elles rêvent depuis longtemps, et elles comprennent vite qu'elles ne font que reculer pour mieux sauter.

Il est en tout cas certain que celles qui réintègrent la prison en temps voulu, et c'est la majorité des permissionnaires, contrairement à la rumeur publique, font preuve d'une force de caractère, d'une volonté et d'une lucidité exceptionnelles.

Un jour, une détenue, au moment de retourner à Rennes après un séjour chez moi m'a déclaré : « Pourquoi ne ferait-on pas le contraire? A partir du moment où l'on peut bénéficier d'une permission, pourquoi ne resterait-on pas une semaine en *tôle*, tous les trois mois, ainsi nous serions beaucoup plus vite réinsérées! »

Ce ne serait peut-être pas une mauvaise idée, pour commencer...

Mais toutes les détenues n'obtiennent pas de permission. La situation est dramatique pour celles qui pourraient en bénéficier mais qui ne possèdent ni famille, ni correspondant, ni visiteuse. N'ayant ni adresse ni répondant, elles restent donc en prison jusqu'à leur sortie définitive.

Une fois de plus la solitude morale ou matérielle, généralement les deux, est le plus grand handicap à surmonter dans le monde de la délinquance, et son plus grand pourvoyeur.

XVIII

RÉINSERTION

Je n'ai jamais cru à la réinsertion dans la mesure où les détenues n'ont jamais été insérées dans la société auparavant. Par exemple : les bandes de « loubards et loubardes », qui font d'ailleurs beaucoup de mal, qui font peur quand ils arrivent avec leurs coups-de-poing américains et leurs insignes nazis; il faut regarder au-delà de l'apparence qu'ils se donnent par besoin de faire peur, d'être quelqu'un. Ce sont des jeunes qui ont vécu dans des grands ensembles, qui étaient toujours dans la rue et n'imaginent pas d'autre vie.

Celles que j'ai connues à la maison d'arrêt de Fleury, se retrouvaient, au moment de leur sortie de prison, dans une société indifférente ou même hostile. Leur seule possibilité était de retourner dans leur milieu, qu'elles connaissaient bien et où elles trouvaient un peu de chaleur humaine.

Elles ignorent tout de la façon de vivre de la plupart des gens de notre société. Les femmes, beaucoup plus que ne le font les hommes que je vois à présent à Fresnes, me posaient beaucoup de questions sur ma vie, sur ma famille : ce que je faisais le soir, ce que je lisais, ce qui se passait chez moi. C'est un monde qui leur est complètement étranger, et elles veulent savoir comment vivent les autres. Pour elles c'était la vie en bande, la vie dans les caves ou dans les couloirs du métro. Moi aussi j'étais complètement étrangère à leur monde, mais avec l'avantage d'une certaine culture qui me permettait d'arriver à pouvoir imaginer et comprendre leur vie alors qu'elles, sans cette culture, étaient complètement perdues et désarmées.

En ce qui concerne la réinsertion, j'estime qu'il n'y a pas actuellement de réelles possibilités offertes. A la sortie, je leur dis : « Vivez ce que vous avez envie de vivre, mais en respectant une certaine légalité. Car la loi sera toujours là, et non pas pour vous mais contre vous. »

On peut effectivement vivre avec sa musique, sa bande de loubards sans pour cela attaquer et voler. On peut vivre une certaine marginalité tout en travaillant.

Beaucoup ne veulent pas aller travailler en usine, mais on peut leur proposer autre chose. Par exemple le ramassage de papiers et de carton, qui finalement paye bien. Je connais un grand atelier qui emploie des hommes aussi bien que des femmes; en fait n'importe qui peut venir avec son paquet de carton et être payé tout de suite. Certaines filles tricotent très bien, font du crochet et peuvent vendre leurs ouvrages.

Ce n'est pas la peine de leur offrir un travail avec des horaires fixes, ou la vie d'usine, qui ne leur conviendraient pas. Il y a des femmes qui n'ont jamais travaillé et qui aiment bien les enfants. Elles font de bonnes gardes d'enfants. Je n'ai jamais entendu dire qu'il y ait eu des problèmes avec ces jeunes filles.

Je pense que la visiteuse ou l'éducatrice peut les aider. Il faut en fait se mettre à la portée de la personne qui est en face de nous et voir ce qui peut lui convenir. Généralement il faut chercher quelque chose de marginal. Il ne faut surtout pas présenter à la personne qui va sortir une vie structurée avec un travail qui soit bien inséré dans le système dans lequel nous vivons et qui n'est pas leur système de référence à elles. On irait forcément à un échec si on l'entraînait de ce côté.

Il y a d'autres détenues, différentes des petites loubardes et des voleuses à la tire. Celles qui sont en prison pour avoir volé des chèques ou des cartes bleues, et pour les avoir utilisés. Celles-là connaissent très bien la société et elles essayent d'en tirer le meilleur profit. Quand elles veulent vraiment s'en sortir on peut leur proposer un travail de secrétaire ou d'hôtesse et tout se passe bien.

A leur sortie, toutes les détenues ont besoin de quelqu'un qui puisse leur donner une optique différente de celle qu'elles ont acquise en prison. Quand elles sont en détention, elles ne savent plus ce qu'est la vie à l'extérieur, qui devient tout à coup quelque chose d'irréel, qui existe mais qu'elles déforment complètement. C'était flagrant chez les femmes en prison depuis six ou huit mois. Elles en arrivaient à oublier complètement comment on vivait à l'extérieur. Elles s'étaient intégrées à la vie de prisonnière. Des femmes qui sortaient au bout d'un an étaient complètement déphasées.

A leur sortie, quand elles n'ont pas d'argent, le greffe leur donne un billet de train pour Paris et un ticket de métro. Le lendemain, elles reviennent à la MAF pour demander un sandwich. On leur donne des adresses de foyers, elles sont incapables de les trouver. Elles ne savent plus se diriger. Elles ont fait le trajet Fleury-Paris et elles le refont en sens inverse. J'en ai vu plusieurs, reprises en charge par les religieuses qui sont ravies de cette situation.

Le principal n'est pas qu'elles aient un bon travail, qu'elles vivent « normalement ». Pour moi le principal c'est qu'elles ne retournent jamais en prison. Pour le reste, qu'elles arrivent à se débrouiller, à être indépendantes, à vivre autre chose dans leurs relations, avec les hommes en particulier, que ce qu'elles ont vécu jusqu'alors. C'est à nous de leur montrer qu'il peut y avoir diverses relations entre les hommes et les femmes, ce qui d'ailleurs les choque beaucoup. Pour la plupart des détenues, dans une relation il faut toujours qu'il y en ait un qui commande, que ce soit l'homme ou la femme. Sinon cela ne peut pas marcher. Quand je leur donnais un exemple différent, c'était tout à fait inconcevable pour elles. Mais je pense qu'une fois dehors, si elles étaient confrontées à d'autres situations, elles seraient capables de faire la différence et de choisir. Pour moi, c'est ça la réinsertion sociale. C'est le fait qu'elles vivent bien, qu'elles ne retournent plus en prison, qu'elles ne risquent plus d'être confrontées à la police et à la justice.

Pour la préparation à cette réinsertion, il devrait y avoir la possibilité de discussions et de réflexions en groupe – qui n'existent pas, ce qui est une lacune de l'administration pénitentiaire – pour que chacune puisse apprendre à tolérer la pensée de l'autre. Ce problème existe dans la société, mais le fait est qu'en prison, entre les détenues, il y a une très grande intolérance de la vie et du délit de chacune. Et je pense important de proposer des activités de groupe où chacune puisse s'exprimer, où chacune ait le droit de dire ce qu'elle veut sans que les autres l'agressent. Mais pour l'administration pénitentiaire, ce qui compte avant tout, c'est l'ordre et la sécurité, la vie des gens ne compte pas. C'est ce que l'on peut regretter.

CONCLUSION

Depuis que je suis en contact permanent avec des détenues, j'ai acquis une optique différente quant à la gravité des délits – mais malheureusement aussi quant à la longueur des peines!

Avant d'être visiteuse de prison, sans être pour autant une lectrice de *Police-Magazine* ou du *Parisien libéré*, j'étais comme tout le monde horrifiée par les actes et les personnalités des « criminels » et « criminelles » présentés par la presse, qui dépeint toujours les faits sous un jour manichéen.

A présent il peut encore m'arriver d'être effarée quand une visiteuse me parle d'une détenue (sans la nommer bien entendu) et me décrit son délit. Mais je ne crois plus au mal absolu. Je crois comprendre, je ne juge pas, ce qui ne veut pas dire que j'approuve. Mes nombreux contacts avec des délinquantes, que ce soit la voleuse à la tire ou la meurtrière, m'ont permis d'analyser ces problèmes plus profondément. L'acte s'amenuise, l'individu responsable est seul en face de moi, et son côté humain s'impose.

Si je suis témoin d'une agression, je suis bien sûr du côté de la victime. Mais quand l'auteur de cette agression devient à son tour victime d'un système incompréhensible pour lui, c'est lui qui compte et c'est pour lui que je me bats.

Ce monde de solitude et de manque de compréhension

réciproque dans lequel je me suis plongée est avant tout un univers infantile, immature. Que ce soit cette femme qui a tué ses deux enfants en bas âge, qui, agressée verbalement par son mari désespéré lors de son procès devant la cour d'assises, lui répond calmement : « Je te pardonne », et déclare au tribunal qu'elle aurait souhaité être « puéricultrice »... Que ce soit cette meurtrière de son mari qui s'habille en noir le jour de son procès : « Mais je suis en deuil! » Que ce soit Anaïs qui, lors d'une de ses rares journées de liberté dans Paris me téléphone, et m'insulte au répondeur automatique croyant que je ne veux pas lui parler. Celle qui se trouve dans un foyer sordide ou dans un hôtel minable et louche, ou bien même dans sa famille qui la traite en pestiférée [1].

Un homme qui réintègre son foyer en sortant de prison est souvent considéré comme le « voyou » de la famille, parfois encombrant, souvent craint, mais rarement méprisé. La femme, elle, est définitivement rejetée, condamnée à vie une fois hors de la prison. Une fille très jeune m'a demandé un jour d'aller voir son père et de préparer son retour au foyer paternel. Dès que son nom fut prononcé le père vociféra : « Je préfère la savoir morte qu'en prison! »...

D'après *Déviance et société* (volume 1-2 de 1977), Marie Andrée Bertrand déclare : « Comparée à la délinquance officielle des hommes, la criminalité féminine est banale et insignifiante. » Du fait de cette banalité, de cette insignifiance, du fait aussi qu'il y a tellement moins de détenues femmes que de détenus hommes, que les femmes se manifestent beaucoup moins en détention, que ce soit par des grèves, des émeutes, des articles, pour toutes ces raisons les femmes détenues suscitent beaucoup moins d'intérêt que les hommes, que ce soit dans le grand public ou auprès des autorités compétentes.

---

1. Quand un homme marié se retrouve en prison, sa femme généralement s'occupe des enfants, et souvent l'attend à sa libération. Il en est rarement de même lorsqu'une femme est incarcérée. Les enfants sont la plupart du temps pris en charge par la D.D.A.S.S. Les maris ou les concubins espacent leurs visites et petit à petit le foyer, s'il y en avait un, se désagrège complètement.

Il n'existe qu'un établissement pour longues peines pour les femmes : celui de Rennes. Alors qu'il y en a vingt pour les hommes.

La prison, que ce soit la prison des hommes ou la prison des femmes, est un lieu de « non-vie ». Un lieu de « non-vie » qui reproduit étrangement la vie du dehors, la « vie libre ». Ainsi que cela se passe dehors, les différences sociales sont évidentes, et entraînent avec elles un mode de vie qui leur est approprié (s'exhiber en manteau de vison blanc aux séances récréatives, par exemple, ainsi que je l'ai vu, tandis que les autres, les démunies, gagnent péniblement de quoi pouvoir s'offrir leurs cigarettes, leur papier hygiénique, leur lessive et leur shampooing!).

Comme dans la vie « libre », celles (la minorité) qui ont de la famille, des amitiés fidèles, un amour, parviennent parfois à sauvegarder des rapports humains et gratifiants grâce aux parloirs si frustrants. Les autres, les solitaires, les isolées, les orphelines, les enfants de la D.D.A.S.S., s'enferment de plus en plus dans leur désespoir, leur méfiance et leur haine si souvent justifiés.

Que ce soit dans la grande presse ou dans les livres, on parle surtout des « personnalités », des Évelyne Barge, des Martine Willoquet, des Agnès Béothy. Mais il y a toutes les autres, les anonymes, les paumées, les isolées pour lesquelles, que ce soit dehors ou dedans, ce sera toujours la même solitude, le même désespoir.

Ce sont celles-là qui vont au mitard, qui font des crises de nerfs, des suicides ratés; tous ces actes destinés à attirer l'attention, à appeler au secours. Elles sont rejetées par les « vedettes », elles sont le troupeau de base de la population féminine carcérale.

Il m'est arrivé souvent, après une journée à la maison d'arrêt des femmes de Fleury-Mérogis, après avoir écouté, essayé de comprendre, tenté d'apaiser, de consoler toutes ces désespérées, car elles sont toutes, à l'exception des détenues politiques, des désespérées, il m'est arrivé souvent, une fois rentrée chez moi, dans l'intimité de mon appartement, de me sentir envahie par un sentiment complexe de gêne, de honte et même de culpabilité. Dans ma vie personnelle qui est loin d'être paradisiaque mais qui est si éloignée de la froideur, de l'inhumanité de la vie carcérale, je me surprends à penser : « Je me plonge dans leur vie, je suis concernée, certes, je veux à tout prix leur apporter quelque chose, je veux les aider, mais une fois sortie de ce lieu infernal, suis-je autre chose qu'une " voyeuse ", une spectatrice? Ai-je le droit de venir vers elles, libre, et de repartir en les laissant enfermées? » Souvent je me sens en contradiction avec moi-même, et je ne sais plus très bien où j'en suis.

Si je m'analyse plus profondément, je m'aperçois que je ne les plains pas uniquement de se trouver en prison. Mais je les plains surtout de toutes les chances, toutes les opportunités, de tous les hasards qui leur ont fait défaut, toujours; qui n'ont pas permis qu'elles se réalisent et se servent à bon escient des dons et des qualités que j'ai si souvent rencontrés chez elles.

Après un certain temps je me suis rendu compte que parfois je ne servais absolument à rien. Peut-être même m'est-il arrivé d'être nuisible et dangereuse. Je suis convaincue qu'une formation psychologique, si minime soit-elle, serait utile à une visiteuse de prison.

Tout ce qui est démarches, témoignages de moralité, requêtes, certificats, entretiens avec les magistrats, tout cela est certes utile et précis. Mais il faut faire attention à ne pas user le crédit que l'on peut posséder auprès des autorités compétentes. Il m'a fallu apprendre à faire le tri et à ne pas foncer la tête la première comme je l'ai beaucoup fait au début de mes activités, pour me porter sans discernement garante de toutes celles dont je m'occupais. Mes deux buts principaux sont de les aider à sortir et une fois sorties de les empêcher d'y retourner... mais j'ai fini par comprendre qu'en agissant inconditionnellement, je privais de leurs chances celles qui justifieraient mes démarches au détriment de celles dont les cas me semblent être désespérés. Mais de quel droit puis-je me permettre de juger ainsi et de faire une telle discrimination? En revoyant celles que j'ai connues, qui ont échappé à la récidive, j'ai pu constater que cela a toujours été grâce à une présence chère, donc bénéfique – que ce soit un homme, une femme, un enfant. Celles qui, une fois dehors, se sont retrouvées totalement isolées, parfois encore plus qu'en prison où des amitiés très réelles et profondes naissent parfois, celles-ci retombent fatalement dans l'engrenage de la délinquance. Comment pourrait-il en être autrement, quand leur vie « normale » est un tel désert affectif, un enchevêtrement de difficultés quotidiennes et matérielles auxquelles personne ne leur a appris à faire face?

Certes, il y aurait bien d'autres choses à dire sur le sujet que je viens de traiter. Mais je tenais surtout à ne pas m'appesantir sur les côtés techniques et administratifs carcéraux, car mon expérience est avant tout humaine et, pourquoi ne pas l'avouer, affective. Mon but principal est d'expliquer en quoi consiste cette fonction de « dame visiteuse » si décriée et souvent même suspectée. Je souhaiterais aussi avoir « contaminé » quelques bonnes volontés, pour qu'elles entrent dans nos rangs.

Témoignages

ÂGE : *19 ans*
DÉLIT : *tentative de meurtre*
CONDAMNATIONS : *primaire*
TEMPS PASSÉ EN PRISON : *1 an*

Je m'attendais à une vie carcérale très rude. Je pensais que les détenues allaient sans cesse se disputer entre elles, je croyais que j'aurais eu faim, froid, que j'allais me trouver en compagnie de gens qui me feraient peur, qui me battraient. J'étais arrivée toutes griffes dehors avec l'intention de me défendre... Et puis, en fait, rien n'a été tel que je l'avais imaginé.

Le bâtiment pour commencer, qui à mon avis est à la base de tout, du fait qu'il était blanc, propre, de structure assez rigide; tout était droit : l'ordre s'imposait, un ordre dans le sens où chaque chose a sa place et chaque place sa chose. Et cela corrobore toutes les lois de Fleury-Mérogis où il y a une heure pour tout faire, une sœur pour la bibliothèque, une autre pour les médicaments, etc. Je ne m'attendais pas à ce qu'il y ait autant d'ordre. Je pensais qu'on allait s'occuper de moi quand on allait y penser; que j'aurais pu déjeuner à 11 heures un jour, à 14 heures le lendemain, que cela se ferait au bon vouloir des gardiens ou autres. Et tout cet ordre-là m'a en fait plus dérangée qu'arrangée. J'en reviens encore à la prison démagogique où quelque part je suis conditionnée, programmée... et que cette fausse vision du respect de moi-même est plus contraignant que tout autre laisser-aller.

Dans le même ordre d'idées, la violence telle qu'elle

s'exerçait, c'est-à-dire de manière absolument pas directe mais aussi sinon plus féroce. Je m'étais attendu à entrer dans un endroit où j'allais subir des violences corporelles et je n'ai subi que des violences morales qui étaient de portée beaucoup plus conséquentes dans la mesure où elles s'étaient agencées dans le système administratif. Celui-ci est conçu de manière telle que bien que toutes les détenues se trouvaient dans la même situation de privation de liberté après avoir commis un délit, nous étions censées subir toutes les mêmes conditions. C'était en fait une situation *a priori,* car très vite l'administration pénitentiaire nous guidait de manière à ce que nous nous isolions nous-mêmes. Nous ne pouvions mener le même combat et surtout pas nous comparer les unes aux autres parce que par le biais administratif, nous étions séparées.

Ainsi, celles qui désiraient travailler ne se trouvaient plus dans la même section que celles qui désiraient faire des études, elles-mêmes séparées de celles qui ne désiraient participer à aucune activité... Sans compter, bien sûr, la séparation systématique qui se faisait dès notre arrivée, à savoir le secteur des récidivistes, celui des primaires, celui des S ou celui des isolées.

Nous étions compartimentées, comme si *a priori* nous étions différentes. Sitôt qu'un changement s'effectue dans notre vie, désir de faire quelque chose d'autre, nous devions accepter de rencontrer d'autres gens et ne plus en revoir d'autres malgré les affinités qui auraient pu naître entre-temps. Nous étions divisées pour un règne plus facile de l'administration.

Le système hiérarchique à l'intérieur de la prison était d'un rigide implacable. A savoir que les punitions lorsque nous avions commis une faute à l'intérieur de la prison, une dispute, un vol ou autre, dans ce cas-là, il y avait un rapport et on passait au prétoire, tribunal de la prison, en présence de la crème de cette mini-société. Nous étions semoncées, on nous demandait de nous justifier, justification dont nul ne tenait compte d'ailleurs.

Je suis certaine que si deux femmes du même âge, ayant commis le même délit entraient à la même époque, elles en sortiraient absolument différentes parce que le système pénitentiaire aurait agi sur elles de manière différente...

Quand je parle de prison démagogique, je crois employer le bon qualificatif, car l'absence de violence physique dont j'ai presque déploré l'inexistence, est remplacée par cette forme de violence morale qui s'effectue par un respect total des règles établies par le personnel d'encadrement. Il se comporte de manière telle que nous recevons des coups plus violents qu'une matraque dans le coin d'un couloir. Il n'y a rien de plus humiliant qu'un refus de communication, un refus total de faire autre chose que ce qui est convenu par le règlement. La promenade ne se fera pas une demi-heure avant malgré la menace d'orage... des choses établies qui sont d'une violence extrême.

En résumé je dirais que Fleury-Mérogis est une prison-piège dans la mesure où quiconque la visiterait pourrait en tirer la conclusion suivante : bâtiment clair, agréable, vue possible, respect de l'être humain car respect des horaires, car réglementation de la vie quotidienne. Mais en fait, ces apparences sont ambiguës.

La prison la plus moderne de France. Nulle ne se trompait pourtant : nous étions bel et bien en prison. D'ailleurs, personne ne voulait nous en dissuader. Ni le personnel d'encadrement, ni les compagnes de ce triste voyage dans le temps et dans l'incertitude, ni la direction de cet établissement qui savait si bien nous remémorer notre condition, ni surtout CE bâtiment.

La grande maison tentaculaire était plus vraie dans son architecture que toutes les prisons telles que je les avais imaginées. Les murs étaient blancs, d'une blancheur étouffante, pesante, comme celle d'un hôpital. Heureusement que le silence n'y était pas constant. C'est surtout la blancheur de ses murs qui me faisait peur. Je refusais son intégralité, par principe; elle me semblait un piège, idée d'un quelconque architecte idéaliste ou démagogue. Ce blanc me démontrait que quelque part dans sa structure, cet établissement voulait me berner. Et moi, je le craignais pour ne pas en devenir la victime. Je savais qu'il mentait, blanc de propreté dans cet endroit censé regrouper les ordures dont la société ne désirait pas s'encombrer. Ce blanc d'innocence dans ce lieu où toutes nous étions des coupables ou supposées telles. Ce blanc de virginité qui m'agressait moi-même par le fait même de mon délit. Non, cet endroit me mentait.

Immenses couloirs vitrés ou défilait autrui, à pas feutrés, malgré les grandes enjambées, mais insonorisés par les multi-vitrages qui nous séparaient tout en nous rapprochant. Étrange cortège que celui, muet, des détenues qui circulaient, accompagnées par les surveillantes vêtues de blanc ou les religieuses.

Bien que je me sois rendue à la police après avoir commis mon délit, je n'avais pas vraiment imaginé la prison. Quelque part, elle se matérialisait dans ma tête comme un centre de l'Aide sociale à l'enfance que j'avais connu et où j'avais relativement souffert. La violence physique s'y pratiquait de manière assez courante mais nous étions tous unis dans nos jeux, dans les réfectoires, pour les études, les promenades... Nous y vivions pleinement, sous la surveillance très scrupuleuse des éducateurs. Ceux-ci faisaient leur métier plus ou moins, tâchaient ou non de nous comprendre, avaient en tout cas des réactions tout à fait humaines, à savoir des colères, des faiblesses... Nous pouvions alors nous permettre de nous situer par rapport à leurs actes, à leurs dires.

Pour moi, la prison aurait pu être un lieu semblable. Malheureusement, le carcan administratif ne permettait pas le moindre épanouissement, bien au contraire. Il favorisait l'amoindrissement des réflexes de défense, et empêchait tout comportement humain du personnel d'encadrement. C'est en ce point que la prison telle que je l'ai connue est importante. Elle est une structure dans laquelle nous étions censées vivre mais où nous étions tellement prises en charge que nous nous contentions de sous-vivre. Nous effacions nos responsabilités et SURTOUT perdions toute initiative de défense.

Un jour, alors que je me trouvais en salle de cours au rond-point central, j'aperçus un groupe d'hommes se diriger vers nous en compagnie de la directrice. L'un d'eux tenait une caméra de professionnel et nous filmait. Mon réflexe fut instantané : j'envoyais un livre en direction de la caméra. Intervention de la directrice qui, outrée, s'excuse auprès des journalistes et me demande d'avoir un comportement *décent*. Je lui demande alors de quel droit utilise-t-elle mon corps, mon image sans m'en avoir parlé au préalable ? Pour toute réponse je me contentais d'un « de toute façon ce document sera utilisé au Japon ». Je fus convoquée par la directrice sur ma demande quelques jours plus tard. Elle me fit justement remarquer que j'étais la seule détenue sur la centaine de femmes filmées qui avait protesté.

Cet exemple est significatif. Il démontre à quel point nous ne possédions plus le minimum d'amour-propre et ne savions plus nous garder des attaques extérieures. De quel droit la directrice avait-elle décidé que le Japon est un pays où je ne mettrais jamais les pieds.

Un autre exemple : j'ai un jour été convoquée au parloir des avocats où une jeune femme me déclarait préparer une thèse sur le problème du viol des petites filles dont j'avais été victime dans mon enfance et qu'elle avait besoin de mon témoignage pour son étude. J'acceptais de lui parler de mon cas et fus surprise de voir qu'elle ne prenait aucune note.

Quelques semaines après ma mise en liberté, j'eus la surprise de trouver mon témoignage écrit dans un livre vendu en librairie ordinaire. Je fus scandalisée et essayais d'intervenir afin de faire interdire le livre. Peine perdue. J'avais même intérêt à me taire car mon procès n'avait encore pas eu lieu et certains détails n'avaient pas été dits dans le dossier de mon instruction.

Décidément, nous n'étions pas à l'abri d'une utilisation abusive de nos malheurs à l'intérieur de la prison.

J'étais d'autant plus outrée que je n'avais jamais été prévenue de l'utilisation de mon entretien et que de plus ce livre écrit en partie sur moi à mon insu pouvait avoir des conséquences néfastes sur mon avenir, dans la mesure où je n'étais pas encore jugée.

Il en était de même pour bon nombre de femmes qui avaient

accepté de témoigner et se trouvaient encore en détention préventive au moment de la parution du livre.

Je n'acceptai de participer aux promenades qu'environ deux semaines après mon incarcération. Jusqu'alors, je demeurai cloîtrée dans ma cellule de crainte d'être agressée par les autres. Elles me faisaient peur. Je m'attendais à ne rencontrer que des monstres et je me sentais tellement différente, avec une si belle idée de moi-même, de mon délit.

Quand enfin j'acceptai de sortir, je fus rapidement étonnée. D'abord par l'extrême jeunesse de mes compagnes : la plupart de celles qui partageaient mon sort avaient mon âge, vingt ans, ou guère plus. Je commençai par rencontrer deux Antillaises qui avaient commis des délits sur des enfants. Je fus intérieurement scandalisée mais n'osais l'exprimer. Je ne donnais des circonstances atténuantes à personne et j'eus énormément de difficultés à me remettre en question.

Ce fut un acte de révolte qui me décida à m'ouvrir à autrui. Une éducatrice de la prison avait eu des problèmes avec l'administration pénitentiaire et étant menacée de renvoi, nous écrivîmes une lettre faisant part de notre indignation à la direction de l'établissement. Dans la cour de promenade nous échangions nos lettres, nos avis concernant le problème. Ce fut à cette occasion que je rencontrai deux femmes américaines et que nous commençâmes à parler. Je sortais désormais à chaque promenade et m'empressais de les rejoindre. Elles furent pendant un an mon point de repère. Avec elles, ce fut sans retenue que j'exposais les problèmes me concernant, mais aussi enfin concernant les autres. Et peu à peu je changeai. J'appris à nuancer mes révoltes, à ouvrir les yeux sur autrui. Désormais je ne condamnais plus personne. Chacune avait son fardeau et celui-ci était trop lourd. Enfin, j'appris à aider sans sélection, à comprendre ou essayer de le faire, la situation, le désespoir de quelqu'un d'autre que moi. C'est en prison, dans la cour de promenade en compagnie de ces deux femmes qu'enfin mon égoïsme s'estompa. Ma vie carcérale allait changer, dorénavant je n'étais plus seule dans cette galère.

Ce pas que j'avais accompli malgré moi n'empêcha pas que mes relations avec les autres détenues n'étaient pas des meilleures. Il est trop difficile de se débarrasser de vingt ans d'idées reçues et si je ne parlai avec les deux femmes condamnées pour meurtres d'enfants que plusieurs mois après ma détention, il y avait là quelque chose de significatif.

Mais en général, je ne connus pas de difficultés pour avoir des échanges avec les autres. Que ce fût des échanges uniquement matériels, je te prête un paquet de cigarettes tu me passes une savonnette, ou des échanges d'idées, d'expériences...

Je fus parfois déçue : compagne qui partait avec mes chaussures, vol d'une robe ou médisances sur telle ou telle.

Pourtant, la conclusion n'est pas uniquement négative : certes malgré mes déceptions (rares mais conséquentes), j'appris à connaître des femmes exceptionnelles à tout point de vue, mais aussi comment elles étaient arrivées là et cela eut des répercussions sur ma vie future...

En conclusion, mes relations avec les autres détenues m'ont fait comprendre que la prison est une reproduction exacte de la société. Les bons et les imbéciles souvent, les riches et sans scrupules des chanceux toujours et les victimes sont nées victimes. Les rapports fric-culture... avaient les mêmes répercussions que partout ailleurs.

La prison m'a-t-elle changée? Lorsque je suis rentrée en prison, je n'avais encore jamais commis le moindre délit. Je ne connaissais pas la drogue, j'en avais peur. Je n'avais jamais volé un petit pois et à vingt ans j'aurais pu être qualifiée de parfaite paysanne, milieu dans lequel j'avais jusqu'alors évolué.

Malgré mon approche de la philosophie par mes études, je n'avais pas encore osé remettre en question bien des structures de la société, bien des réactions humaines. J'avais dans la tête des théories que je ne pouvais ou ne cherchais que peu à adapter à la vie courante. Je dois reconnaître qu'à ma sortie j'étais autre. J'avais connu une progression étonnante à ce niveau.

J'avais appris à regarder les autres, à m'exprimer, à communiquer, à remettre en question. Mes longues heures de solitude, la reprise de mes études, le fait de rencontrer tant de gens si différents, m'avaient été très bénéfiques.

Lorsque je sortis, j'avais appris à être moins égoïste par rapport à ma petite vie, mes petits problèmes, et à donner moins à ceux qui jusqu'alors m'avaient été néfastes (ma famille). Mais j'avais aussi appris que dorénavant il fallait se battre pour vivre et j'avais puisé une force incroyable en moi.

Oui, j'avais changé. J'avais souffert, j'avais mûri, j'étais prête à combattre.

Mais je ne savais pas encore que je m'étais apprêtée à combattre déloyalement.

La paysanne était entrée en prison, c'est une femme qui en sortit. Une femme assoiffée de vie, sans scrupules. C'est ainsi que je pus appliquer plus tard des procédés que j'avais reniés jusqu'alors, des procédés que j'avais connus en prison : la prostitution, le vol, l'utilisation de carnets de chèques ne m'appartenant pas. Triste école aussi que la prison...

Ce qui m'a le plus manqué c'est la liberté, certes, mais la prison c'est aussi une privation de maintes choses matérielles et de bien des besoins humains. La liberté d'agir à sa convenance, de circuler où bon nous semble, de dire, de chanter... paraissent *a priori* les éléments essentiels d'une vie. Pourtant, si au début de mon incarcération je fus sensible au manque de liberté, je dois avouer que très vite je ressentis le manque de confiance qu'on avait vis-à-vis de moi et ce fut ma plus difficile épreuve.

En effet, le fait de circuler à l'intérieur de la prison en compagnie OBLIGATOIRE d'une surveillante, cette porte de cellule automatiquement fermée, la transparence de mon corps et de mon âme (lecture de courrier, œilleton par lequel à tout moment je pouvais être vue), ont sans aucun doute été plus difficilement supportables que toute autre vexation. Je me sentais digne de confiance, peut-être par le fait que je m'étais moi-même rendue à la police, peut-être aussi par l'inutilité d'une fuite, son impossibilité, cette position de constante surveillance me peinait considérablement. Là était vraiment ma plus grande punition. Sans compter les fouilles-surprises auxquelles avait droit chaque détenue de manière relativement régulière.

Et si comme toutes les détenues, je déclarais : « A ma sortie, la première chose que je ferai sera d'avaler un énorme café liégeois », ce choix était un symbole de tous les éléments qui me manquaient. Le café liégeois correspondait à un manque affectif dans la mesure où il me rappelait les sorties hebdomadaires en compagnie de mon frère aîné avec qui systématiquement, en sortant du cinéma le samedi soir, j'allais au drugstore manger une glace. A cela s'ajoutait bien sûr la liberté d'agir, samedi soir, jour où nous n'avions pas de contrainte salariale. Mais par-dessus tout, il m'était primordial de donner à mes manques physiques, psychiques, une apparence matérielle. Il en était ainsi de toute détenue qui rêvait d'une baignoire ou d'un steak frites.

La confiance qu'on m'avait ôtée sera d'ailleurs une des choses que j'aurais le plus de mal à reconquérir. Comme je le disais ultérieurement, pendant longtemps je sentirai ce doute d'autrui à mon égard et aurai des réactions surprenantes par rapport à celle que j'étais.

Je crois que ce qui me fut difficilement acceptable dans la vie quotidienne en prison était la nourriture. Pour quelqu'un comme moi, une bonne vivante, il est important de manger bien, de manger beaucoup, surtout étant dans une inaction quasi totale; bien sûr, il existait le système des cantines mais pour cela, encore aurait-il fallu avoir de l'argent. Là il s'agit d'un besoin bassement matériel. Mais un dictionnaire m'a longtemps fait défaut. Je faisais des études et je n'ai jamais pu disposer d'un dictionnaire français.

La solitude lorsqu'elle est très forte, il y a des moments dans la journée où un besoin de communiquer se fait sentir et là, je dois avouer que la situation est difficilement supportable. Ces moments-là étaient à peu près pour toutes les mêmes, à savoir après les repas. Nous nous parlions alors par les fenêtres et sitôt que nous étions quatre à le faire cela se terminait par une cacophonie épouvantable!

Je me souviens du jour où je suis entrée en prison. Nous étions cinq ou six et aucune d'entre nous ne pleurait. C'est quand même significatif.

Nous savions que nous allions affronter quelque chose de particulièrement difficile, que nous ne pourrions guère compter sur l'aide des autres, que nous-mêmes en tant qu'individus allions souffrir et surtout nous étions très conscientes depuis au moins deux jours (d'arrestation) que quelque chose de grave était en train de se passer. Nous venions de subir des épreuves difficiles : arrestation, interrogatoires, visites au bureau du juge d'instruction, nouveaux interrogatoires, dépôt, photos, empreintes digitales... Ce n'était pas un film qu'on nous projetait, ni un rêve que nous faisions. Il y avait au minimum quarante-huit heures que durait la situation. Les premiers pas dans la prison n'étaient que la suite logique de ce qui devait se passer. Du courage, nous en avions déjà eu et nous savions que nous en avions encore plus besoin dorénavant. Le seul moyen d'aller jusqu'au bout, du moins de commencer à entamer un morceau de chemin c'est de croire en soi. Être sûre de soi. Je suis persuadée que je n'étais pas la seule parmi le groupe de six femmes qui mourais de peur et qui faisais des efforts surhumains pour ne pas s'effondrer en larmes. Il faut avoir une bonne dose d'assurance ou plutôt de contenance pour ne pas se laisser aller à des moments pareils. Pour la première fois de ma vie, on me fouillait, me lavait, m'examinait, m'enfermait...

Pour m'en tirer avec le minimum de dégâts, il m'a fallu me raconter des petites histoires dans ma tête pendant que les premiers signes d'humiliation se faisaient ressentir, pendant que je comprenais l'horreur de la situation.

Parmi les brimades importantes de la vie carcérale, je crois qu'on doit citer le « rapport ». Il peut paraître insignifiant par le fait qu'il n'a pas de conséquences sur le verdict qu'a à prononcer la cour, mais il a une valeur autrement significative. Il est égal à huit jours de prison que l'on n'a pas en moins [1]. Sale calcul qui nous fait aussitôt comprendre que notre sort appartient au juge d'instruction, avocats... mais aussi à la direction de l'établissement, donc à son propre comportement. Dès notre arrivée, nous sommes prévenues des conséquences d'un rapport; une fois le chantage exposé nous pouvons nous installer à Fleury-Mérogis. Les rapports de force sont bien entendus. Il va falloir essayer de vivre avec.

La mise en scène qui s'effectue sitôt après l'établissement d'un rapport dévoile les véritables desseins de l'administration. L'installation du prétoire, les personnages mis en présence, la manière avec laquelle se déroulent les «interrogatoires » (justifications par rapport à la plainte donnée), la punition éventuelle, ont pour but de nous faire bien comprendre que nous ne sommes maîtres de rien dans cette institution. Psychologiquement, les retombées sont très graves : l'administration joue de notre crainte de la Justice et de tout son appareil, de notre ignorance concernant cet appareil judiciaire, pour nous maintenir dans une condition d'éternelle hantise afin de mieux nous contrôler et de mieux nous conditionner à devenir des êtres sans réaction.

Les motifs des rapports sont d'ailleurs d'un ridicule et d'une insignifiance affolante. Le fait de casser une assiette ou un bol est sujet à rapport. Heureusement, pour une occasion pareille on ne nous demande pas d'aller au prétoire, mais nous savons que cette maladresse a été notée et nous ne pouvons nous empêcher de nous sentir en faute.

Si nous le désirons, le dimanche, nous avons la permission de sortir notre tricot dans la cour de promenade. Maintes fois les femmes le sortent également dans la semaine en le cachant

1. Un rapport peut empêcher l'obtention de 8 jours de grâce sur le temps de détention.

sous quelque manteau. Plus d'une fois j'ai vu des rapports se faire pour une raison aussi ridicule. Comment expliquer d'abord que nous avons la permission de tricoter dans la cour le dimanche et non les autres jours?

L'astuce résidait dans le fait qu'il n'y avait aucune explication à donner à une loi qui n'avait aucune raison d'exister apparemment. Nous devions nous y plier et surtout ne pas poser de questions, ni essayer de l'enfreindre. Il fallait culpabiliser un maximum de gens pour qu'ils se sentent pris dans un carcan institutionnel.

Je crois que j'aimerais beaucoup savoir quels sont les critères d'embauche des surveillantes. C'est important, car il est capital à mon avis de voir des gens travailler avec du « matériel humain » et de noter qu'ils le font avec autant de tact que n'importe quel ouvrier de chez Renault... Encore que là-bas il doit exister des pièces à manier avec précaution. Ceci est grave, le personnel n'a en effet aucune notion de psychologie ni de relations sociales ou autres. Même en voulant être gentilles il arrive aux surveillantes de faire des bourdes. Ainsi le fait qu'elles se bornent à respecter avec autant de scrupule un règlement prouve soit qu'elles sont incapables de s'adapter à la vie quotidienne de la prison, soit qu'elles sont elles aussi bien insérées dans le système. J'opte plus facilement pour la seconde solution sans ignorer totalement la première. Un système hiérarchique particulièrement rigide est en place. De la gardienne à l'économe en passant par la surveillante puis la surveillante-chef sans oublier... chacune a sa place, un rôle à remplir et ne doit en aucun cas empiéter dans le camp du voisin. Nous étions toutes très sensibles aux rapports de force établis entre les gardiennes. Nous n'enviions guère leur place d'ailleurs.

La seule chose que j'aurais à reprocher aux gardiennes est leur complicité à nous annihiler. Mais je doute qu'elles puissent l'expliquer. J'ai peur qu'elles n'en soient pas conscientes.

C'est des gens bêtes et dangereux.

J'ai lu un livre sur un camp de concentration en Allemagne nazie. Il y avait là-bas une femme juive qui avait un comportement étonnant. En effet, en rentrant chaque jour des ateliers où on l'avait humiliée, forcée à travailler... elle traversait le camp boueux. En arrivant devant la baraque qui lui servait de gîte, bien qu'éreintée, elle se baissait, retirait ses chaussures, les frottait l'une contre l'autre sous le regard ahuri des soldats et rentrait dans sa prison. Et inlassablement, chaque jour, elle nettoyait ses chaussures alors que ses prochains pas du lendemain allaient assurément les salir. C'était son geste quotidien, son refus de la facilité, du système.

Par cet exemple j'essaie d'expliquer l'importance du refus de l'habitude et des gestes conditionnés. Malheureusement, il n'y en a pas, ou si peu, de femmes qui à Fleury-Mérogis se déchaussent et nettoient leurs chaussures...

ÂGE : *24 ans*
DÉLIT : *trafic de drogue*
CONDAMNATION : *primaire*
TEMPS PASSÉ EN PRISON : *3 ans et 6 mois*

« Quand tu prends tes cours, c'est avec les gens de ta division aussi?

— Il y a plusieurs divisions qui font la promenade ensemble, mais quand même on a tendance à rester avec celles qu'on connaît mieux. Et c'est assez étonnant, si tu as une bonne copine dans une division, si tu changes de division, tu peux pas rester copine, c'est vraiment difficile! Sauf moi et Elsa, on a eu cette chance d'avoir un cours ensemble, donc on se voit, on parle beaucoup, et c'est bien pour les deux parce qu'elle me donne toujours des livres, elle réussit à avoir tous les livres de français et pas mal d'autres, sur la révolte, sur les prisons, parce qu'elle sait mieux parler que moi, et elle est vraiment là-dedans!

— Comment ça se passe, entre bonnes femmes?

— Bon, déjà les autres femmes me critiquent beaucoup parce que je fais le jardin. Elles ont raison parce que d'abord c'est mal payé, mais je fais ça quand même parce que justement je suis seule dehors.

— Et tu es obligée de travailler à la prison de Rennes?

— Oui. Le travail c'est obligatoire, si on n'a pas d'études à faire. Même s'il y a des petits cours comme les cours commerciaux on y va le matin, et l'après-midi on travaille en atelier. De toute façon j'ai choisi le jardin parce que j'étais seule, et je suis même prête à payer de ma poche pour rester seule et tranquille; mais les autres femmes considèrent que c'est un travail d'homme. Je bêche, j'arrache les patates, c'est un jardin potager pour les matons, quoi! Ça me gêne quand même un peu de travailler pour eux! Il y a des rats et des souris partout, et vraiment ça pue la merde dans leur truc, mais je dis rien!

– Les matonnes sont logées là dans la prison?

– Il y en a qui sont logées là et il y en a qui habitent dehors. C'est vraiment l'engrenage quand on pense qu'elles restent là tout le temps, qu'elles voient les mêmes têtes, c'est un monde tellement petit qu'on remarque tout, qu'on fait des commentaires sur tout! Si elles se teignent les cheveux, les matonnes, nous on dit : « Oh! madame, vous avez changé vos cheveux! Vous avez du vernis aujourd'hui! » c'est vraiment tout tout tout! Mais ça aussi c'est une histoire, le vernis des ongles! On a du maquillage, ça c'est accordé, mais le vernis c'est interdit. Ça doit être à cause du dissolvant, on peut le boire, mais on va pas le boire parce que c'est tellement précieux! Mais quand même, tout le monde essaye d'avoir du vernis. Elles font la chasse au vernis! C'est un drame incroyable! Tout le monde en a quand même! Mais le maquillage on peut l'avoir parce que les femmes ont demandé à Mme Dorlhac.

« Oui, il semble que ç'a été la seule revendication que les détenues de Rennes aient faite. Elles n'ont pas gueulé sur le fait du règlement infernal et tout ça, mais apparemment, parce qu'on ne peut jamais savoir ce qu'il y avait vraiment, il semble que la seule chose qu'elles aient réclamé c'est du maquillage, c'est ça! Remarque, c'est vrai que dans un sens garder une certaine apparence physique, c'est important.

« Mais ça re-rentre dans le truc de bonnes femmes aussi! On les autorise à avoir l'air de vraies femmes!

– Mais ce n'est pas obligatoire de se maquiller, quand même!

– La majorité se maquille?

– Oui, je crois. La majorité se maquille, mal d'ailleurs!

– Donc certains produits sont quand même autorisés?

– Oui, mais ils font un bénéfice dessus parce que c'est uniquement des produits Rocher; la directrice a choisi ça parce que c'est naturel, mais la prison prend un bénéfice dessus, mais c'est quand même pour les loisirs et pour la bibliothèque. Donc on est obligé de dire que ça va, quoi!

— Tu parles de bibliothèque, qu'est-ce qu'il y a comme livres? On peut tout lire?

— Ça va un peu mieux, mais il y a un homme qui a fait un bouquin sur la prison de Rennes, une thèse, et il a donné une copie pour la bibliothèque. La directrice a accepté le livre pour elle mais elle a refusé de le mettre à la bibliothèque! Autrement il y a un peu de tout, même quelques livres plus féministes, personne ne les lit d'ailleurs, sauf moi et une autre! L'éducatrice qui s'occupe d'acheter les livres n'aime pas les hommes, donc elle a tendance à acheter des livres d'écrivains femmes.

— Il y a d'autres activités à part le travail? Vous avez du cinéma?

— Oui. Le cinéma c'est tous les quinze jours, et c'est plutôt mauvais, sauf qu'ils ont passé *Z*, c'est incroyable! J'ai fait mon petit speech après pour dire la complicité des C.R.S. qui laissent toujours l'extrême droite frapper l'extrême gauche, mais après ils frappent tout le monde, c'est quand même dégueulasse, non? Alors elles ont dit : " Oui, les flics c'est tous des salauds! Tout est truqué! Moi aussi, mon procès... " C'est revenu au cas personnel, mais quand même, elles ont constaté que la société c'était pas tout bon, qu'elle était même mauvaise, et pour une fois on pouvait le dire...

— Et la directrice, si tu vas lui parler, elle est ouverte? Comment ça se passe? Quelle attitude elle a?

— Elle est très autoritaire, et c'est très difficile de placer un mot, de l'interrompre pour dire quoi que ce soit.

— Et à part le cinéma, qu'est-ce qu'il y a comme activités?

— Il y a des petits clubs organisés, surtout le soir. Club de musique, on écoute des disques. Il y a la télévision de temps en temps, une fois tous les deux mois à peu près : ça pourrait être plus souvent, mais il n'y a pas d'éducatrice pour le faire.

— Et les clubs, c'est tous les combien à peu près?

– Des fois, c'est toutes les deux semaines, et parfois une fois par semaine.

– Et vous êtes séparées par division pour les activités?

– Pour les clubs on fait une demande, on fait passer une circulaire où il y a la liste des clubs et on choisit. On peut être admise ou pas, ça marche à la tête du client.

– Et l'ambiance de la prison, l'atmosphère en gros, qu'est-ce qui te saute dessus?

– Moi je trouve que c'est incroyablement laid l'ensemble. Vraiment tout est laid, on a l'impression que tout est sale.

– A Rennes les femmes sont seules dans les cellules, vous pouvez les aménager comme vous voulez?

– Avec un lit, une toute petite table et un petit truc pour les livres, tu peux changer comme tu veux... On peut mettre des choses au mur, et on peut avoir des plantes vertes.

– Mais l'atmosphère au point de vue de l'esprit?

– Ça change avec les permissions. On accepte moins docilement tous les décrets, mais on se rend compte que tout ce règlement est tellement bête! Tu pars pour trois, quatre jours, tu fais tout toi-même, et tu rentres. Ah la la! Tu ne peux même pas circuler d'un point A à un point B sans une matonne! On sait que c'est pas nécessaire, c'est bête, tout est bête! Et c'est frappant surtout parce qu'on sort.

– Avant que tu sortes en permission, tu t'étais rendu compte?

– Moi aussi je me suis habituée. Au début je trouvais ça épouvantable, mais on ne peut pas rester toujours dans un état déprimé, donc on finit par s'habituer! Mais maintenant, quand je rentre, je suis de nouveau choquée par toutes ces bêtises, c'est ridicule tous ces petits règlements, c'est ridicule!

– Surtout que tout est basé sur des petits trucs! Elles sont très emmerdantes les gardiennes?

– Elles peuvent l'être! Oh! oui. Enfin, ça va un peu mieux, maintenant c'est plus relax qu'avant, mais oui, elles sont emmerdantes!

– Quels sont les points sur lesquels elles vous emmerdent le plus?

– Bon, on sait que s'il y en a une qui n'est pas particulièrement vache, on peut en profiter pour prendre un peu d'eau chaude, parce qu'on n'a pas le droit d'en prendre, c'est interdit, et il y en a qui disent " non non non, c'est interdit! ". Il y a des divisions en commun, donc le dimanche on peut rester ensemble dans la cellule pour tricoter ou n'importe quoi, pour être ensemble.

– Les salles communes sont par division?

– Oui, chaque division a un couloir avec les cellules, et une petite cuisine où on réchauffe le repas; mais il y a une salle de séjour même pour les cellulaires, mais elles ne sont pas souvent là parce qu'elles mangent en cellule. Les autres aussi, seulement on mange ensemble et on peut rester le dimanche après-midi ensemble. Mais on sort à midi, et il y a des matonnes qui exigent que tu décides tout de suite soit de rester tout l'après-midi enfermée, soit de rester tout l'après-midi ensemble, en salle. Donc on ne peut pas, si on oublie quelque chose, si tu tricotes ou si tu veux un livre ou quoi que ce soit, elle disent " non non non, vous ne pouvez pas aller le rechercher! ". Donc c'est casse-pieds parce qu'on ne peut pas sortir à midi et penser à tout ce dont on aura besoin pendant toute la journée!

– Tu disais les " cellulaires ", qui sont-elles?

– Les cellulaires, c'est les femmes qui ont choisi de ne pas manger en commun, mais de rester manger dans leur cellule.

– Elles ne vont pas dans les ateliers celles-là?

– Si. C'est juste pour le repas.

– Elles ont choisi d'elles-mêmes?

– Oui. Normalement oui.

– Elles sont plus isolées, quoi!

– Celles qui mangent en commun ne sont guère plus ensemble que les autres, sauf pour manger.

– Donc tu manges dans la salle commune?

– Oui. Mais là aussi, c'est rangé, donc tu as une place assignée par cellule, et tu ne peux pas être avec qui tu veux. C'est des petites tables, quatre par table, mais ça dépend s'il y a des cellules vides, tu as des tables où il y a une femme et

des tables avec deux ou quatre, chaque cellule a sa place.
Mais on n'a pas essayé de demander à la direction de se
grouper par affinités?

– Si. Dans la division où j'étais, qui est maintenant fermée
pour refaire les peintures, c'était comme ça, on pouvait
choisir. Mais c'était une division plus libérale que les
autres.

– C'était la division de confiance ou quelque chose comme
ça?

– Oui, c'était la division de confiance, où se trouvaient
avant les femmes qui se tenaient bien. Mais après ils ont
changé, parce qu'à la chancellerie ils n'aimaient pas ça, on
passait du troisième groupe au deuxième, puis au premier, et
enfin à la section de confiance. Alors ils ont dit : on va laisser
les femmes de confiance parce qu'elles vont être traumatisées
si on les remet dans les autres, mais on va laisser seulement
celles qui sont prêtes à sortir : donc les femmes qui ont la
conditionnelle et qui attendent leur date, alors elles vont
monter, c'est l'antichambre de la sortie. Mais ça n'a pas
marché parce que les conditionnelles sont toutes retournées,
ajournées à un an, six mois, refusées. Donc il y a tout un
groupe qui est là depuis deux ans, et qui attend toujours la
libération.

– Et dans la section de confiance tu peux entrer et sortir de
ta cellule? C'est pas fermé?

– D'abord c'est pas une cellule, c'est une petite chambre, il
y a du parquet, une fenêtre avec du grillage, c'est la seule
division où on peut ouvrir les fenêtres.

– Les autres, comment sont-elles?

– Il y a pas de poignées, on ne peut pas les ouvrir. Pour
aérer il y a un petit vasistas, sinon on crèverait l'été. Il n'y a
pas d'air, mais elles ne veulent pas mettre de grillage!

– Comment répartit-on exactement les détenues? On les
met dans des groupes, mais selon quels critères?

– Avant c'était basé sur la décision de la direction.
Maintenant on demande plus ou moins à la détenue si elle
veut être cellulaire ou en commun. Et après elles sont
réparties dans les divisions où il y a des places. Pour que ce

soit plus ou moins équilibré, pas trop dans une et pas assez dans l'autre, quoi!

– Quand on rentre, il y a la question de l'isolement pendant les trois premiers mois?

– Oui, mais cela a un peu changé, ça fait partie des réformes aussi. Il y a quinze jours d'isolement comme avant, mais après les femmes devraient être passées au centre de détention ou à la centrale. Mais les papiers, comme toujours ça traîne, ça n'arrive jamais de la chancellerie, donc les femmes sont coincées là. Pour ces femmes ils ont organisé un atelier, donc il y en a qui travaillent le matin, et l'après-midi elles ne sont ensembles, elles ont les promenades ensemble dans une vraie cour, et pas dans un petit truc de chien comme les autres. Comme ça elles ne sont pas tout à fait classées, mais elles ne sont pas tout à fait isolées non plus.

– Mais qu'est-ce qu'elles attendent?

– Elles attendent les papiers de la chancellerie, qui les place soit en centrale, soit en centre de détention, parce que c'est la chancellerie qui décide ça. La centrale et le centre de détention sont séparés, mais dans le même bâtiment.

– Mais ça dépend de ta peine? Si c'est une peine criminelle ou non?

– Non, c'est comme pour les hommes : on divise en centre de détention, centre de haute sécurité, je ne sais pas quoi. Mais pour les femmes il y en a deux.

– Et ça dépend de quoi?

– C'est le comportement en maison d'arrêt, comment on se comporte en prévention, et aussi les délits. Mais surtout le comportement. Et c'est pour ça qu'on peut passer de centrale en centre de détention, mais aussi, même si la chancellerie a mis quelqu'un en centre de détention, on peut faire du chantage; comme pour Annie, on lui a dit : " Si tu ne te tiens pas bien, on va te mettre en centrale! "

– C'est plus dur comme régime la centrale?

– Actuellement, c'est pas si mauvais que ça, je crois. Sauf du point de vue des permissions de sortie, il faut avoir fait la moitié de la peine avant d'en avoir une.

– Et toi tu étais dans quelle catégorie?

– J'étais en centre de détention, mais j'étais dans la division antichambre de sortie.

– Mais prenons les femmes qui sont en centre de détention, on les répartit comment après en groupes?

– Comme je le disais avant, c'est en fonction de la place et du choix " commun " ou " cellulaire ".

– Et les promenades sont faites par division?

– Oui. C'est trois divisions dans une cour, et trois dans une autre.

– Et c'est une cour en ciment?

– Non. C'est clôturé évidemment, mais il y a des arbres, quelques brins d'herbe, mais on ne peut pas s'asseoir dessus. On doit sortir les bancs et les rentrer après, parce que c'est strictement interdit de s'asseoir par terre.

– Et celles qui travaillent, sont-elles avec celles qui ne travaillent pas?

– Tout le monde travaille, c'est obligatoire, ça fait partie de la peine. Moi je croyais pas que c'était obligatoire, franchement. Sauf pour celles qui font des études, elles restent en cellule.

– Et la promenade, ça dure combien de temps?

– Une heure après le repas de midi. Il y a des ballons, mais la plupart des femmes restent là pour tricoter, sur les bancs.

– Elles tricotent beaucoup? C'est ça vraiment la seule activité générale?

– Oui, je crois bien. Il n'y a pas un niveau intellectuel très haut, donc les femmes ne lisent pas, et le tricot ça occupe les mains, ça donne un résultat; normalement, maintenant on peut tricoter pour soi, mais avant on ne pouvait pas tricoter pour soi-même; dont il fallait l'envoyer à la famille, on tricotait pour les enfants, les petits-enfants, le mari. Mais maintenant on peut les porter soi-même.

– Sinon, tu es obligée d'avoir la jupe d'uniforme?

– La jupe ou la robe d'uniforme, mais le tricot, le chemisier et le reste...

– Comment est-elle cette jupe? Comment peut-on la décrire?

– Ah! ah! Ça doit pas être beau... Oh! non, moche comme tout!

– Quelle couleur?

– C'est gris!

– Tu as le droit de l'arranger?

– Non, on n'a pas le droit, mais on peut et on le fait! Et c'est une jupe sans forme, elle est pas serrée, et il y a des machins là, des plis, mais pas des vrais plis. Rien de très coquet, quoi!

– On te la choisit d'après ta taille?

– Oui, on essaye, mais ça ne va jamais très bien.

– Et les dessous, c'est les vôtres? Parce qu'avant on les fournissait?

– Oui, on peut les avoir quand même, mais on peut avoir les nôtres et on peut en acheter, maintenant.

– Et les serviettes hygiéniques? On vous les donne ou vous pouvez en acheter?

– Oui, on peut en acheter, mais il n'y a pas de tampax, ça c'est une autre histoire, ce n'est pas autorisé. Quand je suis arrivée j'en avais, mais on n'a pas voulu me les donner, et on m'a donné ça, tout un paquet de serviettes en tissu, je ne savais pas ce que c'était, parce que c'était long, c'était dur, un truc comme les gants de toilette mais plus dur, et je me disais " Qu'est-ce que ça peut bien être? ". C'était bizarre ces trucs, et un jour je me dis " Ça y est, j'ai trouvé! ", ce doit être pour quand on frotte par terre, on met ça sur les genoux. Mais quand même, je vais demander à la surveillante et elle me dit " Vous ne savez pas? ", je dis " Mais non! C'est pour ça n'est-ce pas? ". La surveillante était gênée et elle me dit " Ce sont des serviettes hygiéniques. – Mon Dieu! Je vais écrire à ma mère parce que j'ai jamais vu ça de ma vie G.A. ", mais elle a ajouté que ma grand-mère dans le temps utilisait certainement des trucs comme ça! Donc maintenant, on peut en acheter en cantine mais ça coûte cher!

– Ça devient un luxe quoi!

– Et sur quels points du règlement sont-ils le plus tatillons? Qu'est-ce qui les excite le plus?

– La sexualité, je crois. Mais il y a certains couples qui sont tolérés.

– Pourquoi? Ce sont des filles qui sont tranquilles ou qui servent d'informatrices?

– Je ne sais pas, je me le demande. Non, elles sont vaches comme tout! Mais je ne sais à quel point elles tiennent compte de ce qu'on raconte, parce que tout le monde écrit des lettres de dénonciation, des pages et des pages. Mais je crois que franchement la direction ne réagit pas.

– Alors il y a eu des lettres de dénonciation de couples?

– De tout! A tous les niveaux. De n'importe quoi! de trafics de cigarettes, on en achète pour son amie par exemple.

– Parce que ça c'est interdit? On n'a pas le droit de donner des cigarettes à quelqu'un?

– On peut offrir une cigarette à quelqu'un, mais on ne peut pas acheter une cartouche et la donner à quelqu'un, c'est trafic, c'est appelé comme ça! Mais tout le monde le fait naturellement!

– Et pour donner des choses à d'autres détenues, les matonnes servent d'intermédiaire ou vous le faites en cachette?

– On le fait en promenade en général!

– On peut échanger des livres? C'est permis?

– Oui, mais personne ne lit là-bas.

– Les rapports sont sur quoi, alors?

– Oh! parce qu'on a quelque chose d'interdit ou qu'on a fumé dans le couloir, qu'on a cassé un carreau, ou quelque chose ou parce qu'on a insulté une surveillante, beaucoup pour des insultes.

– Tu m'avais dit tout à l'heure que tu avais été étonnée par le nombre de crises de nerfs et leur paroxysme, si j'ose dire! Il y en a beaucoup là-bas? Ça part de quoi la crise de nerfs?

– Oui, il y en a beaucoup! Moi, d'abord je croyais que c'était épileptique. Il y avait des femmes qui se roulaient par terre en convulsions, qui bavaient, avec les yeux qui roulaient, parce qu'elles n'en peuvent plus de prendre sur soi. Ça fait des crispations et ça finit en convulsions.

— Mais ça part d'un incident?

— Oui. Normalement, il y a quelque chose qui la déclenche. Il y a une accumulation de faits, et il y a toujours quelque chose qui la déclenche. Normalement, c'est un mot mal placé d'une surveillante. Alors, on donne des tranquillisants.

— Et le mitard, il fonctionne?

— Oui. Mais pour le moment pas beaucoup. Quoique ça a recommencé un peu, mais moins que dans le temps.

— Il y a des bagarres entre les détenues? Quels sont les rapports entre les détenues?

— Oui, parfois il y a des bagarres, mais pas beaucoup. Il y a beaucoup de jalousies, beaucoup de critiques, mais c'est parce qu'on vit tellement serrées, que c'est normal presque qu'on critique, qu'on fasse des commérages, sur tout, sur son aspect physique, sur tout.

— Il y a peu d'entraide alors entre les détenues?

— Il y en a, oui, mais il y a aussi l'autre côté, les dénonciations, c'est bizarre.

— Et si une fille est punie injustement par exemple, personne ne dit rien?

— Oui, on parle entre nous, mais rien d'autre. Mais il y en a toujours une qui trouve qu'elle le méritait. Les punitions, c'est d'ailleurs presque toujours suppression de loisirs, suppression de cigarettes, ou quelques jours d'isolement, pas le mitard, mais isolement.

— Et en général, est-ce qu'il y a beaucoup de rapports?

— Oui, en ce moment, il y en a beaucoup, beaucoup! Il y en a un nombre énorme dernièrement qui sont passées au prétoire.

— Et les insultes aux surveillantes, c'est gratuit ou ça vient de la surveillante?

— Oh! ça dépend, on est tellement énervées et les surveillantes ne sont pas tellement psychologues non plus, et elles le provoquent la plupart du temps, et il y a ce mépris déjà *a priori* entre nous.

– Est-ce que pour des histoires de ménage et de tenue vestimentaire on vous ennuie beaucoup?

– Pas trop, parce qu'avec une douche par semaine on ne peut pas être trop exigeant! Mais pour le ménage de la division, ah! la la! Ça dépend des matonnes alors! Mais c'est la division qui fait le ménage, s'il y a beaucoup de personnes, c'est une moitié une semaine, et l'autre moitié l'autre. Mais il n'y a pas de rapport, si l'on n'est pas propre chez soi, dans la cellule. On fait des commentaires mais pas de rapports.

– Est-ce qu'on donne beaucoup de somnifères et de tranquillisants à Rennes?

– Beaucoup moins qu'à Fleury quand même. Mais on n'a pas de Ricoré ni de café. On n'a que du Nescafé décaféiné. Parce que la directrice a dit que s'il y avait des femmes qui s'énervaient, s'il y avait des femmes qui prenaient des somnifères, on ne pourrait jamais avoir du café! Ça c'est un peu exagéré, tout le monde souffre, tout le monde est privé de ça, parce que tout le monde rêve de vrai café, si on travaille, on a besoin d'un petit remontant, franchement! Mais tout le monde souffre parce qu'il y a une poignée de femmes que ça énerve. C'est toujours ça dans les prisons, tout le monde est puni pour quelques-unes, mais aussi je trouve que c'est bizarre parce qu'en maison d'arrêt tout le monde avait de la Ricoré avec du vrai café et on n'a pas fait de folies quoi!

– Et il y a un département à Rennes, ce qu'on appelle psychomédical?

– Il y a eu un hôpital à Rennes qui accepte les prisonnières qui sont vraiment flippées. Il y en a certaines qui se trouvent mieux là-bas que dans la prison, mais il y en a d'autres qui reviennent vraiment bourrées de médicaments. Et il y a un psychiatre qui vient régulièrement mais je ne lui ai jamais parlé donc je ne sais pas. C'est un vieux type, il est peut-être bien, je ne sais pas.

– Mais selon toi, puisque tu as connu les deux, quelle serait la différence la plus marquante entre Fleury et Rennes?

– On a l'impression d'être beaucoup plus libres en maison d'arrêt, même celles qui sont passées dans les petites maisons d'arrêt étaient plus heureuses. Je ne sais pas exactement pourquoi.

— Mais pour toi, qu'est-ce qui t'as frappée en arrivant à Rennes?

— Pour moi, c'était l'ambiance entre femmes. Parce qu'à Fleury il y avait quand même pas mal de filles intéressantes, intelligentes, d'un niveau intellectuel peut-être pas haut mais actif, elles pensaient. Et à Rennes, c'était vraiment sinistre!

— Et tu sais quelle est la moyenne des délits à Rennes?

— Je crois qu'il y a plus de meurtres et mauvais traitements à enfants, mais surtout de meurtres.

— Et quel genre de meurtres?

— Des crimes passionnels, presque toujours. Meurtre de l'amant, du mari... Et c'est puni de cinq ans jusqu'à perpète! Il y a un écart énorme entre les peines.

— Donc ce qui t'a le plus frappée, c'est cette ambiance entre femmes, mais aussi l'acceptation de son sort?

— Bon, oui, et surtout un sentiment d'impuissance. Même moi, je peux pas faire grand-chose!

— C'est peut-être parce que tu sais que, puisque tu es condamnée, tu es là pour un certain nombre d'années, alors qu'en maison d'arrêt tu as toujours une certaine perspective?

— Bon, moi personnellement je peux agir pour moi, mais sans solidarité, je peux pas agir pour les autres. Si elles n'ont pas l'air d'accord, je ne peux pas les forcer. Je ne peux pas prêcher, j'essaye de faire le mieux possible pour moi, et s'il y a vraiment des choses, je prends position, mais c'est toujours personnel parce que je ne peux pas agir pour les autres.

— Mais la majorité accepte d'être enfermée? Elles pensent qu'elles l'ont mérité?

— Bon, c'est étrange parce que presque tout le monde est innocent là-bas, il y a toujours des circonstances!

— Alors elles en sont conscientes; c'est pas de ma faute, etc.

— Ce n'est pas exactement ça. Il n'y en a pas beaucoup qui

généralisent, qui tirent les conclusions qu'il y a quelque chose qui cloche dans la société. C'est plutôt parce qu'on avait un mari vache, parce qu'on avait un amant qui a exigé de tuer le mari, c'est toujours... Enfin, c'est difficile à expliquer, mais tout le monde a le sentiment d'être personnellement visé par la justice d'être victime d'une injustice, mais pour les autres ça va, on s'occupe pas. Ça reste très personnel.

– Mais alors, si elles ont le sentiment qu'elles ont été victimes d'une injustice, comment acceptent-elles si facilement d'être en prison? C'est l'ambiance de la prison qui fait que tu te sens impuissante?

– Je ne sais pas si c'est ça, mais c'est une justification pour elles-mêmes.

– Tu es pessimiste?

– Incroyablement, mais je crois quand même qu'il faut essayer quelque chose, je sais que c'est vraiment... Enfin, mais il faut le faire pour être tranquille avec sa conscience.

– Mais quand tu sors, dans ta vie, dans les gestes quotidiens, tu vois une différence avec la prison?

– Je comprends! Beaucoup! Une énorme différence! Parce que en prison tout est réglé, on ne peut pas faire quoi que ce soit, on n'a aucune décision à prendre, on n'a aucune liberté de mouvements, pour la moindre chose tout est réglementé! Aucune initiative!

– Alors que dehors tu as l'impression que tu es beaucoup plus libre?

– Mais bien sûr! Parce que l'on peut agir soi-même, prendre certaines décisions, peut-être limitées mais quand même, on peut faire des choix et en prison il n'y a jamais de choix.

– Et les gens que tu croises, par exemple dans le métro, tu trouves qu'ils ont des têtes différentes de celles que tu vois en prison?

– Différentes dans un sens oui, parce que ça fait trois ans que je vois les mêmes têtes! Et en plus il y a des hommes! En prison il n'y en a pas beaucoup!

– Comment c'est vécu ça? C'est peut-être un peu intime ce que je dis là, mais ce manque de sexualité doit poser des problèmes, enfin je le sais pour moi, je pourrais te répondre, mais en tant que femme? Qu'est-ce qui est le plus dur, le manque d'affection ou le manque de sexualité?

– C'est un tout! Pour moi, c'est toujours le manque d'affection! Mais pour d'autres, c'est le manque de sexualité, de toute façon les deux manquent! Mais même si l'on n'avait pas de rapports sexuels, s'il y avait des hommes dans le quartier ça ferait du bien parce que ça apporterait je ne sais quoi, une vie différente, une énergie, une différence. Il y a trop de bonnes femmes, c'est tout! Tout le monde est femme, femme, femme. On a toujours affaire à des femmes, et on a besoin d'autre chose! Des éducateurs, des visiteurs, parce que pour les hommes il y a parfois des assistantes sociales femmes, des éducatrices parfois, et il y a des visiteuses. Mais nous on n'a pas de visiteurs! Il y a le prêtre et c'est tout!

– Parce que moi ce qui m'avait frappée justement, c'était plutôt le contraire, je voyais l'extérieur comme la prison!

– Bon, j'ai toujours constaté comme tout le monde, que la société a les prisons qu'elle mérite! Mais je pense toujours : " Pauvres cons de Français, pauvres cons d'Américains, pauvres cons! " Mais pour moi personnellement je préfère être attristée par notre sort dehors que dedans! Naturellement quoi!

– Pour toi donc le truc fondamental, c'est qu'il n'y a que des femmes!

– Oui. Pourtant j'aime les femmes. C'est surtout mes amies femmes qui me soutiennent! Oui, là vraiment c'est le trop-plein! C'est autre chose qui se passe!

– Mais c'est le fait que ce sont des bonnes femmes, ou le fait que le comportement n'est pas celui d'êtres humains avec un " trou " mais plutôt le comportement féminin... typique?

– Je ne sais pas. Elles comprennent pas la différence entre la féminité et le féminisme, pas du tout! »

NOM : MIREILLE G.

ÂGE : *23 ans*
DÉLIT : *vol*
CONDAMNATION : *récidiviste*
TEMPS PASSÉ EN PRISON : *1 an*

Quand je suis arrivée à Fleury, j'avais toujours les cannettes (menottes) jusque dans le car, parce que quand je suis arrivée, sur mon dossier, il y avait marqué « dangereuse ». On m'a mise dans une petite cabine, on m'a posé des questions, j'ai répondu. Ensuite on nous a fait dessaper bien sûr, la routine, de toute façon on est très mal reçue, comme des chiens, en plus prostituée alors là l'étiquette, pas de problèmes. Alors la routine, on vous fait déshabiller, après un petit peu d'humiliation, un peu de sadisme, on vous fait mettre une jambe sur le banc pour voir si vous vous êtes pas mis quelque chose où je pense, et puis alors on vous traite de tous les noms, une prostituée c'est de la « merde » entre nous, et ensuite on vous donne des fringues, parce que même si les vôtres sont propres, on vous les enlève. On vous demande si vous voulez des cigarettes, on vous les amène le lendemain. Tout le fric que vous avez, de toute façon, il est déjà cantiné d'avance.

Ensuite ils nous ont mis dans une cellule avec deux filles, une qu'avait tué son mari et une qu'avait tué son gosse, et moi j'avais fait un cambriolage, alors j'ai supporté ces deux-là, bon ben celle qu'avait tué son mari ça allait, mais enfin celle qu'a tué son gosse il y a eu un peu de frottement.

Le lendemain on est venu me voir pour me demander si je voulais travailler, de toute façon je ne pouvais pas faire autrement, on m'a dit vous « voulez travailler » dans le sens qu'il fallait que je travaille. Donc on m'a foutue dans une laverie à faire le linge des détenues, avec une sœur qui s'appelait sœur Nicolas, une femme très gentille sans plus, et là j'ai côtoyé des détenues.

Puis un jour, j'ai rencontré quelqu'un que j'aurais pas dû rencontrer, et ils le savaient très bien mais ils nous ont mises ensemble exprès pour que ça éclate, et la sœur a voulu m'arrêter, je l'ai prise et j'ai voulu la mettre dans la machine à sécher le linge.

Alors bon j'ai été déclassée, mais pas de punition, pas de mitard. J'étais en psychiatrie sur mon dossier, donc pas de mitard. J'étais avec Mlle D., alors je voulais bien lui servir d'expérience en lui disant, je veux pas aller au mitard, mais je veux bien vous aider, alors on ne me mettait pas au mitard, on me mettait dans ma cellule et on me laissait mijoter.

J'ai fait la grève de la faim. Au bout de dix jours, ils ont mis une annonce dans le couloir, « qui veut de la détenue? », parce que personne voulait de moi pour travailler et il y a une surveillante qui est Mme T. qui m'a prise pour travailler au ménage. Au début ça allait, on lui avait donné des consignes de ne pas m'énerver parce que j'étais une grande malade, enfin de toute façon j'étais très susceptible, alors elle était très gentille, je faisais mon travail, quand la directrice me voyait elle me faisait de grands sourires, pas de scandales surtout... très gentille, et puis, un jour il y a eu quelque chose, on s'est engueulées avec Mme T., alors la directrice m'a appelée dans son bureau et elle m'a dit : « Mais qu'est-ce que vous reprochez à l'administration pénitentiaire, on est gentil avec vous? », alors je lui ai dit : « Votre taule c'est un camp de concentration enveloppé dans du papier de soie, si vous voyez ce que je veux dire? » Elle m'a dit faut pas dire ça, et tout, et je lui ai dit : « Vous êtes un con, vous serez toujours un con », alors elle m'a dit : « Vous avez peut-être raison », et je n'ai pas été punie. Elle m'a dit : « Je préfère une fille qui me dit que je suis un con qu'une fille qui me fait des sourires et qui le dit par-derrière. » Mais enfin je ne sais pas ce qu'elle a pu penser de moi.

Elle m'a renvoyée dans ma cellule, alors là j'ai essayé de me pendre. Mais comme j'avais pas tellement envie de mourir, je me suis ratée. Après je me suis ouvert les bras, enfin tout ça, ça l'embêtait parce que de toute façon elle m'aimait bien, alors je suis retournée au ménage. Ça allait bien un mois et puis on s'est engueulées parce que moi je ne supportais pas, de toute façon j'avais un nom, j'avais pas un numéro, et je ne voulais pas m'abaisser, je voulais garder ma personnalité. Je ne voulais pas être comme certaines filles cela ne me plaisait pas, donc c'était comme ça et celui qu'était pas content, c'était pareil.

Alors j'ai eu des altercations avec des surveillantes qui avaient fait un rapport contre moi pour m'envoyer au mitard, et j'y suis jamais allée. Tout le monde a cru que j'avais quelqu'un dehors qui était bien avec la directrice, mais en fait je lui avais dit que ma belle-mère (la femme de mon père) était très bien placée, je ne lui avais pas dit dans ce sens-là parce qu'elle m'avait dit : « De toute façon, dans votre famille il ne doit y avoir que des ignares », alors je lui ai dit : « Non, il n'y a pas que des ignares, parce que ma belle-mère s'est occupée de moi, elle a une médaille de l'écriture française et puis vous savez ce n'est pas n'importe qui. »

Donc déjà là ça l'a refroidie, puis enfin je lui ai dit : « De toute façon si j'étais pas là, vous je sais pas où vous seriez. » Elle a essayé de savoir ce que je pensais d'elle et de ses surveillantes, alors je lui ai dit. Cela ne lui a pas plu, mais elle m'a dit de toute façon je préfère quelqu'un qui me le dit comme vous qu'autrement. Alors comme elle savait que j'avais rien qui m'attendait dehors, je n'avais que mon fils mais ce n'était pas pareil, alors je lui ai dit : « Vous savez moi je n'ai rien à perdre, rester ici six mois ou dix ans pour moi c'est pareil », alors ça l'a refroidie, elle m'a renvoyée en cellule. De toute façon, en prison moi j'étais pas bien, mais la prison m'a sauvée et c'est peut-être bizarre à dire, mais si j'avais pas été en prison, ou je serais morte car je buvais, j'étais alcoolique (j'ai fait un coma éthylique et au bout de six mois j'avais encore de l'alcool dans le sang). Je buvais beaucoup. Ensuite j'étais prostituée, donc j'avais aucune envie. Je gagnais de l'argent, mais aussi vite gagné aussi vite parti.

Donc un jour je me suis réveillée en prison, et je me suis dit : Ce n'est pas les gens qui t'ont mise en prison c'est toi, tu t'es foutue en taule et puis c'est tout. Maintenant tu bouffes ta connerie, et quand tu sortiras c'est à toi de te relever, de dire merde aux gens, et de montrer que t'es capable de quelque chose. Et maintenant cela fait trois ans que je n'ai pas été en prison, bien que j'aie des tentations comme tout le monde. Des fois je me dis : merde pendant un mois je gagne 280 sacs alors qu'avant je gagnais cela en une soirée! Mais je dis, non, je le referai jamais, pour montrer aux gens que c'est pas parce qu'on a fait la putain, qu'on est pourri de toute façon. On est pas foutue, on vous colle une étiquette, tu es taularde, et tu seras taularde toute ta vie. Les gens sont débiles de toute manière, c'est pas parce qu'on a été une fois en prison qu'on y retournera, même si on y retourne deux fois ou trois fois, c'est qu'il y a quelque chose.

J'ai commencé à me prostituer quand j'avais dix-sept ans. Donc quand j'entends à la télévision qu'on parle de la prostitution, ça leur rapporte. La prison ça leur rapporte de toute manière, les gens ils sont rassurés, ils ont les détenus derrière un mur, derrière des grilles, ils sont tranquilles. Pour eux, la merde elle est cachée. Ils ne la voient pas, alors là ils sont heureux. C'est comme quelqu'un qui met les ordures sous son tapis ça ne se voit pas. C'est chouette, mais c'est presque eux qu'on devrait mettre en prison. Car quand vous sortez de prison, il n'y a personne qui vient vous aider. Ils parlent tous de la réinsertion moi ça fait trois ans je n'arrive pas à trouver de travail, donc il n'y a pas de réinsertion. Les gens si vous avez été en prison, c'est terminé. Donc normalement, la vie, elle est foutue. Si j'avais pas des gens qui sont là pour m'épauler, je referais mes cambriolages, je retournerais braquer, j'irais me prostituer, je recommencerais. Donc de toute façon la loi elle est pas faite pour nous, elle est faite pour ceux qui sont dehors, c'est tout.

En ce moment je travaille chez des particuliers, je fais des ménages. J'ai une patronne qui a beaucoup d'argent et qui sait que j'ai été en prison. Bon elle, elle s'en fout parce que si elle a son argent, elle a dû faire certaines choses pour l'avoir.

Donc, elle comprend très bien qu'on peut arriver à certaines choses. Mais j'ai des autres patrons dans la journée, si je leur dis que j'ai été en prison (et c'est pas des gens riches, c'est des arrivistes, qui ont un petit pavillon en banlieue avec un petit bout de jardin) alors eux, ils vous foutent dehors. C'est à cause de tous les journaux que vous prenez, même *Libération,* c'est malheureux à dire, ils donnent une image des détenus comme cela, y a pas de problèmes, un détenu c'est un détenu, et puis c'est tout. Vous rentrez, vous avez un numéro, vous sortez. Si vous avez pas la force de dire je n'y retournerai pas, vous n'avez plus de personnalité, plus rien, vous êtes un chien. Vous, là vous travaillez, vous bouffez, vous dormez, et puis c'est tout. Vous fermez votre gueule, ça c'est le plus grand principe, ne pas faire de scandale, ne pas dire que les gens sont malheureux en prison, et surtout qu'il n'y a pas de suicides en prison cela n'existe pas. Seulement moi le temps que j'y étais il y a deux filles qui se sont pendues et qui sont mortes, mais ça, ça n'existe pas. On parle pas du fait que quand vous sortez de prison on vous donne un ticket de métro et on vous dit avec ça vous repartirez dans la vie. La fille que j'ai ramenée avec moi, on lui a rien donné, si je n'avais pas dit je t'emmène, elle restait devant la prison où elle rentrait à pied donc, de toute façon, ils ne font pas l'éducation des gens.

J'ai un autre homme dans ma vie, je l'ai rencontré par *Libération.* On s'est écrit, mais enfin j'écrivais à plusieurs personnes, j'ai rencontré un type mais je ne pouvais pas m'entendre avec lui, il était marié, il avait deux enfants, et moi je ne pouvais pas vivre comme cela, donc j'ai réécrit après à un gars. J'étais au foyer et on s'est rencontré au foyer, il est venu me voir, et en quinze jours on a décidé de vivre ensemble, parce que moi je ne pouvais pas rester. Pour les gens, être prostituée, c'est pas pareil, mais en prison ils s'imaginent des bagnards, les chaînes. Il y en a même un un jour, qui m'a dit : « Mais vous avez toujours le costume rayé, le petit chapeau? » C'est ça, aussi bien bourgeois qu'ouvrier. Il y en a dans ma famille que je revois jamais, qui m'adresseront jamais la parole, prostituée ça passe, ça peut arriver, mais la prison oh! la la... pour aller en prison déjà faut avoir évolué, faut avoir fait quelque chose, ils s'imaginent pas que s'ils paient pas leurs impôts, ils iront en prison. Voyez pour eux la prison, il faut avoir tué, volé, assassiné quelqu'un.

Moi je ne regrette pas d'avoir été en prison, parce que premièrement, j'ai vécu une expérience, ça m'a forgé le caractère. Je croyais un peu au père Noël, donc là j'ai vu des gens sous leur vrai jour, j'ai été déçue et ça m'a sauvée, car si j'avais pas été en prison, je serais morte ou je serais comme les prostituées au bout de quarante ans, comme c'était parti. Donc j'ai pas été heureuse en prison. J'ai souffert de ne pas être libre. Parce que moi les gens ils me font rigoler, il y en a quand ils parlent des filles qui ont été en prison, elles ont été battues, torturées. Bon il y en a, je ne suis pas contre, ça existe peut-être, mais moi j'ai jamais été battue, j'ai jamais été torturée. Mais en prison j'ai manqué de liberté, j'ai manqué de tout ce que l'on peut avoir dans la vie, manger, dormir, avoir quelqu'un avec soi, ça j'en ai manqué comme tout le monde, mais je peux pas dire que j'ai souffert. Six mois de prison, c'est rien à côté de certaines filles, quand il y en a qui vous disent moi j'ai vingt ans à faire, bon ben, vous dites six mois c'est rien, c'est la routine.

J'ai fait des tentatives de suicides, parce que j'en avais ras le bol, et qu'il fallait que j'éclate, bon ben, j'ai éclaté comme ça, mais je veux dire, c'est dur à expliquer, mais j'ai souffert moralement, pas physiquement, car moi de toute façon je suis une fille très souple, je m'adapte à toutes les situations.

Je suis en caoutchouc, on tire dessus et je rentre, donc moi moralement de toute façon, c'est dans la tête, il n'y a pas de problèmes, je ruminais, donc c'était le moral pas le physique.

Je suis contente de pas m'être tuée, parce que cela aurait été con, mais je peux pas dire que j'ai souffert physiquement, c'est moralement de toute façon, mais maintenant j'oublierai plus facilement la prison que la prostitution. Voyez la prison, j'ai des bons et des mauvais souvenirs, je revois des filles qui ont été avec moi en prison de temps en temps, cela me fait plaisir, mais je ne peux plus sympathiser avec elles dehors comme je sympathisais dedans. C'est plus du tout la même chose, ce sont des filles qui sont restées à faire ce qu'elles faisaient, donc je ne sais pas si c'est dans ma tête, c'est inconscient, mais je dois me dire : « Si tu retournes avec elles, c'est fini, tu perds tout, tes gosses, ton ménage, tout ». J'ai deux petits garçons, et on doit se marier une fois que je serai divorcée, donc je ne veux pas perdre tout, pour la solidarité entre détenues, parce que la solidarité entre détenues en prison je ne l'ai pas beaucoup vue. Si, j'ai vu une fille si elle avait une cigarette, elle l'aurait cassée en dix ou en quinze, elle vous l'aurait donnée, c'était la seule fille. De toute façon j'avais qu'une amie en prison, c'était elle. Les autres c'était pas pareil, c'étaient des filles, si elles avaient du tabac (en prison les cigarettes, c'est important, le chocolat aussi), bon ben elles l'auraient bouffé en douce, où elles auraient fumé devant vous sans vous en donner, alors que tout le monde bouffait à la même gamelle.

En prison si toutes les filles étaient un peu plus solidaires, il n'y aurait pas ce qui se passe maintenant, puisque les surveillantes, c'est sur cela qu'elles comptent, sur ce qu'une fille peut dire sur l'autre, sur les petites engueulades. Elles jouent là-dessus, elles tablent là-dessus, elles sont gagnantes puisqu'il n'y a pas de solidarité, il n'y a aucune solidarité en prison. Les femmes, c'est des teignes en prison, dehors c'est déjà pas des cadeaux, mais, en prison, c'est affreux, on n'a jamais vu ça. Il y a des clans, il y a les grosses affaires. Elles vous regardent un peu comme les bourgeois regardent les ouvriers.

Moi j'ai vu Jeanne, la femme à Mesrine, qui m'a dit : « Moi, je suis la femme à Mesrine », je lui ai dit : « Tu es peut-être la femme à Mesrine, mais moi j'en ai rien à faire, tu ne m'intéresses pas du tout ». Je verrais bien des prisons pour les grosses affaires, et d'autres pour les petites, parce que l'on côtoie des gens comme cela, et ils arrivent à vous dégoûter de toute façon. Jeanne m'en a tellement raconté, pourtant moi j'en ai entendu dans ma vie, mais elle m'a tellement dégoûtée, elle m'a dégoûtée de la vie, à l'entendre parler, pour elle, moi, j'étais de la merde, j'avais pas braqué, j'avais pas fait tout ce qu'elle disait avoir fait, mais j'estime avoir une meilleure mentalité qu'elle. C'est peut-être la femme à Mesrine mais moi j'ai sûrement une meilleure mentalité qu'elle. J'en ai vu qui m'ont dit : « Moi j'ai braqué » l'air de dire tu te rends compte « Toi, t'as volé, *mais moi* ! », c'est la hiérarchie, vous voyez les petits groupes, les filles qui sont là pour la drogue. Je n'ai jamais voulu me droguer, j'avais des copines qui se shootaient, mais moi je n'ai jamais voulu, je picolais pour ne pas me droguer. Avant je buvais beaucoup, le matin je buvais mes vingt cannettes, mon litre de whisky dans la journée. Et puis la nuit, je recommençais, puisque la nuit je travaillais dans un cabaret, et j'étais pas ivre, j'étais imbibée d'alcool, c'était mon état normal, c'était comme cela. Si je ne buvais pas, j'étais malade, et j'aurais fait n'importe quoi pour picoler, donc je ne me droguais pas mais c'était pas mieux de toute façon. Je pesais 61 kilos, donc je ne devais pas manger beaucoup. Je me rappelle que je suis tombée dans un coma éthylique, le médecin m'avait dit : « Si vous continuez à boire, je ne peux plus vous sauver, je peux vous sauver une fois mais pas deux. » Il m'avait peut-être dit cela pour me faire peur, mais je m'étais dit pendant trois jours « Bon ben je ne boirai plus », et puis après j'ai recommencé à boire parce que j'étais tellement dégoûtée de me prostituer, que, pour oublier, je buvais. Des fois je réfléchis dans mon coin, car j'aime bien être toute seule, et je me demande comment je suis arrivée à cela, et je ne sais pas. Si je sais, c'est mon mari qui m'a obligée à me prostituer en me disant : « Si tu ne te prostitues pas, je tuerai ton fils et ta grand-mère. » J'avais beaucoup de caractère, et je me demande comment j'ai pu me laisser influencer comme cela, parce que devant lui j'étais rien. J'étais pas heureuse. Quand j'ai eu mon fils je n'étais pas prostituée. Quand je l'ai épousé, il était très bien et après il s'est montré sous son jour nouveau. Il travaillait pas, il avait déjà été en prison, et justement je m'étais dit : « On peut faire des conneries dans la vie, bon mais on s'entend bien, je vais pas le repousser juste pour cela ! » Justement, c'est là mon drame, je me suis toujours laissé influencer par ce gars-là, il m'a toujours dominée, même mentalement. J'en arrive à me demander ce qu'il pouvait me faire car devant lui j'avais le cerveau vide, la tête vide, il m'aurait dit d'aller tuer n'importe qui, je l'aurais fait. Je ne l'aimais pas, mais c'était la frousse. Je me suis mariée parce que j'avais fait une fugue de chez moi et quand je suis rentrée mon père m'avait dit : « Pourquoi tu es partie? » La première chose que j'ai dite c'est : « Parce que je vais me marier. » Alors il m'a dit : « Tu as vingt-quatre heures pour me présenter ton mari. » Alors j'ai été voir des copains que je connaissais, et j'ai dit : « Celui qui se marie avec moi, je lui donne 200 000 francs et après on se quitte tranquille », et puis on s'est jamais quittés. Il a fallu ce coup de prison pour que je ne le revoie plus, que je me sente mieux, et que j'arrive à réfléchir. Je ne le voyais plus, donc je pouvais à nouveau réfléchir et savoir ce que j'avais à faire. Par contre, maintenant je peux le voir, cela ne me fait absolument rien. Je l'ai vu il n'y a pas longtemps et il ne me fait plus peur. Je me demande bien pourquoi j'ai eu peur de ce gars-là. En ce moment il est en prison, il y va toujours, de toute façon c'est sa vie. Donc moi je ne veux pas gâcher ma vie, ni pour lui ni pour la solidarité. Si une fille sort de prison, qui n'a rien, je la prends chez moi, elle bouffe, elle fait ce qu'elle veut, mais c'est toujours embêtant, car je me dis : elle est chez moi, si elle recommence qu'est-ce que je fais, je n'irais pas la balancer, je ne pourrais pas la foutre dehors, donc mon copain s'en irait, aussi je ne verrais plus personne, et cela résout tout. Il y a des filles qui ont dû dire « elle est pas régulière, on ne l'a jamais revue », mais je préfère, je ne vais pas gâcher ma vie!

ÂGE : *35 ans*
DÉLIT : *homicide volontaire*
CONDAMNATION : *primaire*
TEMPS PASSÉ EN PRISON : *15 ans*

« Et à Fleury?

– A Fleury, en arrivant, la première impression était bien, en majorité tout le monde a trouvé bien. Le contraste avec Rennes est vraiment énorme, le ciel et la terre! Mais assez vite on a commencé à comprendre. De l'extérieur c'est joli, l'architecture un peu fantaisiste et tout ça, joli, propre surtout, voilà la grande différence. Mais tu sais comment ça se passe, tout par l'interphone, moi personnellement je trouvais ça magnifique, parce que moins je voyais le personnel, mieux je me sentais. Mais pour la plupart des gens qui sont en prison, et on sait quelle classe se retrouve toujours en prison – la classe des pauvres, des gens qui ont des problèmes, qui n'ont pas eu de parents ou dont les parents sont désunis. Les filles, la plupart ont des problèmes, et quand on dit des problèmes de sexualité, c'est plutôt des problèmes d'affectivité, un manque d'affection. Donc ces filles ont souffert beaucoup, et à Fleury il y a beaucoup de tentatives de suicide. Mais c'est encore autre chose, parce qu'à Fleury, dès qu'une fille tentait de se suicider, tout de suite la surveillante vient, on l'emmène à l'infirmerie, on la cajole, on lui met un pansement, ça fait plaisir, des fois c'est uniquement pour avoir un pansement, c'est ça, la simple pensée qu'on s'occupe d'elles. Bon, ces trucs arrivaient assez souvent, presque tous les jours il y en avait une comme ça.

« A Rennes j'étais étonnée du peu de tentatives de suicide. Je me suis dit " c'est quand même bizarre ". Je me suis demandé pourquoi? Mais c'est qu'à Rennes, c'est beaucoup plus dur. C'est à Rennes que moi j'ai pris conscience, comme beaucoup d'autres, et même sacrément conscience de ce qu'est la prison. Bref, j'ai finalement compris pourquoi : c'est qu'à Rennes la moindre chose est punie, vraiment punie! Pour une tentative de suicide, ou par exemple pour une crise de nerfs, on vous envoie au cachot! Et ça, ça m'a scandalisée! Une fois il y a cette fille qui arrive, elle tape sur la porte, elle fait sa crise (parce que dans le temps on n'avait pas droit aux cigarettes, aux quatre paquets de cigarettes donc il y avait un problème), elle n'avait pas eu de cigarettes : hop, tout de suite au cachot! Mon Dieu...

– A Rennes il y a plus de punitions qu'à Fleury?

– Je ne sais pas. A Fleury il y a aussi beaucoup de punitions, en fait c'est pareil! Mais ces derniers temps, depuis les nouvelles réformes, je trouve que ça a un peu changé. Et comme il y a de plus en plus de contrôles, de visites, de trucs comme ça, et notamment les permissions de sortie, eh bien, les gens en parlent. Avant on ne pouvait pas parler de ce qui se passait en prison; maintenant la direction et le personnel prennent conscience, elles en parlent, les gens parlent dehors! Et même les gens dehors font prendre conscience à ceux qui sont dedans.

– Est-ce que cela fait changer l'attitude des prisonnières le fait d'être sorties en permission?

– Oui, ça c'est la meilleure chose qu'elles ont pu faire, parce que maintenant c'est plus vivable, c'est devenu plus vivable parce que tu sais qu'au moins tu peux, sinon respirer, du moins prendre une bouffée d'air!

– Elles acceptent mieux la prison alors?

– Mieux oui. C'est-à-dire que les gens vivent sur leurs sorties. Moi aussi, mais justement je suis contente que maintenant je puisse sortir plus souvent, comme ça je ne pense plus à mes sorties. Je vis pour mon projet futur, je ne vis plus pour la prison ni pour dehors, je vis pour une idée, pas pour le fait de pouvoir supporter ou pas. Or, pour ces filles-là, voici comment ça se passe : elles sortent, et quand elles rentrent, pendant deux ou trois semaines, elles sont préoccupées de leur passé, de leurs sorties : elles rêvent, et c'est fini. Elles commencent déjà à penser à leur prochaine sortie. Qu'est-ce que je vais faire, ceci ou cela, elles vivent de ça. Je ne sais pas si c'est bien ou pas.

— Elles acceptent mieux la discipline?

— Oui, un peu mieux. On se dit : bon tant pis, de toute façon je vais sortir, je m'en fous, je vais voir mes gosses, mon ami! De toute façon oui, on accepte plus la discipline! Mais enfin, on ne peut pas dire ça non plus, quand même, parce que la discipline, franchement non! C'est carrément embêtant! Marcher deux par deux, tu te rends compte? « Marchez deux par deux. Arrêtez. Continuez. Taisez-vous! »

« Tu vois, souvent on parle de "la discipline des Allemands", et crois-moi, je la préfère encore, parce que, on n'entend jamais crier "Taisez-vous!" ou des choses comme ça, on sait qu'il faut se taire, sinon c'est la punition. Je ne sais pas si c'est mieux, mais même actuellement je préfère ça, parce que ce qui est agaçant dans ces prisons-là, c'est qu'on entend toujours les surveillantes gueuler, et jamais les détenues.

« Il y a une chose que je trouve mauvaise (je pense que ça doit être calculé, programmé), c'est que, par exemple, les surveillantes n'ont pas le droit de lire, ou de faire des trucs quand elles nous gardent pendant la promenade ou dans les ateliers. De 9 heures jusqu'à midi, la surveillante est sur une chaise, et elle nous regarde : elle garde les gens qui travaillent et de toute façon ce sont de pauvres femmes qui bossent comme des machines, qui n'osent même pas aller aux toilettes parce qu'elles ne veulent pas perdre une minute!

— Les gardiennes, est-ce qu'elles discutent avec les prisonnières d'égale à égale?

— Moi, j'y crois pas au "égale à égale". J'ai l'impression que des fois, parce qu'elles s'emmerdent, les surveillantes discutent; mais une fois passée l'heure, voilà, c'est fini. Parce que c'est pour leur propre bien qu'elles discutent, pas pour les détenues. Au début je croyais ça, "tiens elle est gentille", et finalement c'était parce qu'elle s'ennuyait...

– Est-ce qu'elles sont jalouses des détenues? Est-ce qu'elles ne trouvent pas que l'on vous accorde trop de choses?

– Et comment! Même pour cette histoire de maquillage, c'est incroyable la jalousie que j'ai remarquée! Et, par exemple, une fille qui était très jolie, quand elle portait les cheveux longs on lui faisait des rapports disciplinaires pour un rien; par contre, lorsqu'une fille pas trop jolie portait les cheveux longs, là on ne lui disait rien. Même chose pour le maquillage : des filles mettaient du rouge à lèvres, et très souvent les surveillantes faisaient des réflexions du genre " Mais qui elle se croit celle-là! ", " Elle est folle! ", terriblement jalouses...

« Encore un truc, mais alors là entre femmes, le plaisir des surveillantes à dire " Elle est sale, qu'est-ce qu'elle est sale sa cellule! ". Ce que je voulais dire pour les ateliers, c'est que comme la surveillante s'emmerde, elle cherche à faire des rapports, enfin, pas toutes, il y en a des bonnes comme partout, mais certaines cherchent vraiment à trouver un rapport pour emmerder une fille, n'importe quoi! Une fois (si j'avais pu avoir ce rapport, je l'aurais gardé) une femme, qui pouvait avoir au moins quarante ans, un jour, parce qu'elle était là depuis un certain temps, qu'elle avait des tics, elle faisait toujours des gestes comme ça, un jour elle cousait des lapins et des trucs comme ça, elle m'a dit quelque chose et la surveillante dit : " Yolande, arrête de parler! " Alors Yolande lui tire la langue..., et à ce moment-là la surveillante se retourne : " C'est à moi que vous tirez la langue? " Moi j'aurais dit oui, ça fait rien, ça fait rigoler! Et la fille, elle a fait onze ans de taule, on l'a tellement abaissée, elle dit : " Non non, c'est pas à vous, c'est à Maria, je voulais lui montrer que mon chien a la langue comme ça... " Elle cherche un prétexte, un pauvre prétexte, et la surveillante répond : " Ne cherchez pas, de toute façon vous aurez un rapport! " Et elle a fait un rapport : " Yolande m'a tiré la langue. " J'ai rigolé! Ainsi une femme de quarante ans est passée au prétoire pour avoir tiré la langue, c'est pas croyable! Mais des rapports comme ça, ça existe encore...

« Et les rapports pour des histoires de mœurs, incroyable!

Et ça, ça se paye cher. Il y a eu des enquêtes sur la sexualité en prison, je ne suis pas du tout d'accord avec ça. Parce que voilà ce qui se passe : quand les gens viennent faire une enquête en prison, la plupart des filles ne disent pas la vérité. L'autre jour j'ai dit à une fille : " Tu as vu ce monsieur, il t'a appelée ", et elle m'a répondu : " Oui, mais tu sais, j'ai rien dit ! On m'avait dit qu'il était avec la directrice, heureusement j'ai rien dit... " Alors voilà, quand quelqu'un vient du dehors, les gens n'osent pas. Et surtout pour la sexualité, moi j'ai lu des trucs, c'est pas vrai ! Moi je connais toutes ces femmes-là, des soi-disant lesbiennes, je dis bien soi-disant, parce que c'est complètement con ! J'ai rencontré vraiment très peu de lesbiennes dans les prisons. Il y a un livre de Jackson sur les prisons et il y a des femmes justement qui témoignent sur ce problème, il y en a une qui dit : " Les vraies lesbiennes, elles ont toutes leurs femmes dehors, et c'est justement elles qui se tiennent les plus tranquilles en prison ", et c'est vrai ! Toutes ces autres filles, pour de l'affection, ou par amusement, ou pour se donner un genre, et se faire admirer par les autres, tout ça par ennui aussi, ça fait passer le temps, et de toute façon elles ne peuvent rien faire ! Parce que, qu'est-ce qu'elles peuvent faire ? Se tenir par la main dans la promenade !...

— Elles sont punies pour ça ?

— Bon, elles sont punies quand elles s'embrassent et qu'on les prend comme ça, et quand elles sont un peu plus loin. Effectivement il y a des tripotages...

— Mais est-ce qu'il y a de l'affection et de la solidarité entre les détenues ?

— Oui, surtout en ce moment, j'ai remarqué, des jeunes, parce qu'il y a beaucoup de jeunes maintenant et j'ai remarqué qu'il y a beaucoup de jeunes attirées par des femmes plus âgées : finalement, elles cherchent la mère, en quelque sorte. Par exemple il y a une fille, quand une fille est partie, elle n'a pas arrêté de pleurer pendant deux jours, elle a eu une crise.

— Et les femmes plus âgées, elles s'attachent aux jeunes comme à leurs enfants aussi ?

— Oui, ça aussi, elles disent " ça, c'est ma petite ", tu vois.

Et effectivement il y en a certaines qui éprouvent le besoin de toucher le sexe des autres, des trucs comme ça.

— Et c'est fréquent?

— Bon, je me souviens une fois en pleine promenade, j'en ai vu deux sous un manteau et je me suis dit " tiens, elles se tiennent la main ", mais c'était sûrement plus. De drôles de femmes, des paysannes quoi, pas du tout le style habituel. Moi, c'est des choses que je comprends mal.

— Il y a quand même une solidarité entre les filles, si quelqu'un est puni par exemple?

— Absolument pas. Mais alors pas du tout. Tu sais, ce qui est terrible, c'est que, le seul endroit où les femmes ont l'occasion d'aller un peu plus loin, eh bien, c'est à la gymnastique, parce qu'elles vont après dans les cabines se rhabiller, et des fois ça réussit, et d'autres : ce n'est même pas le professeur ou la surveillante, c'est les filles entre elles, qui se surveillent, et qui mouchardent, c'est ça qui est le pire!

— Et c'est dû à quoi?

— Une femme par exemple, elle a fait huit ou dix ans, elle passe son temps du matin au soir à dire " je vais lui rentrer dedans! Je vais lui casser la gueule! " Elle ne parle que de ça, et elle n'a jamais cassé la gueule à personne! Parce que tous ces gens-là vivent sous la menace. Menace n'est pas le mot : on vit sur et sous le chantage! On nous dit " Si vous êtes sages vous aurez des grâces! " Si vous êtes sages, la phrase au conditionnel! Bon, vous attendez, vous vous dites " Je vais être sage pendant ces trois mois pour voir, pour avoir des grâces ". Le moment arrive, et rien! Alors on vous dit " Oui, attendez encore, et la prochaine fois certainement vous l'aurez! Ça va marcher, mais il faut encore rester très bien... ". Chaque fois, partout, vous vivez sous la menace : donc les gens encaissent, encaissent, et ça reste dedans. Pourquoi chez les hommes il y a moins de mesquineries? Parce que les hommes se donnent des coups de poing! Et si on mettait au mitard tous ces hommes qui se donnent des coups de poing il n'y aurait pas assez de mitards! Chez les femmes, donner des coups de poing, ça ne se fait pas : donc elles encaissent et elles gardent. Mais il faut pas oublier que ces gens-là viennent de milieux pauvres, se donner des gifles c'est aussi une affaire de femmes; donc, tout d'un coup elles sont dans un cadre où l'on dit : " La femme ne fait pas les bagarres! " Alors ça reste dedans et ça se dégage dans les mots de menace : ça les libère un peu, mais pas complètement, ça reste encore dedans, c'est comme l'hystérie. Pour les soigner, il faudrait effectivement leur donner l'occasion de se battre, de cogner sur une autre femme; et je suis sûre que le lendemain, bon, elles seraient déjà mieux pendant un certain temps. Par exemple, il y avait deux filles qui voulaient se battre : qu'est-ce qu'elles font les autres filles? Elles les séparent! Chez les hommes ça ne se passe pas comme ça : on les laisse se battre, et chez les femmes non. Moi je les aurais laissées se battre, et le lendemain de bonnes copines. Mais qu'est-ce qui se passe maintenant? Elles s'en veulent encore! Ça reste dedans, c'est pas terminé!

– Est-ce qu'en général ça les révolte d'être en prison?

– Oui. Elles n'arrêtent pas de râler du matin au soir, et quand quelqu'un vient, elles se taisent.

– Mais elles sont révoltées parce qu'elles sont mises en prison, ou elles trouvent que c'est normal puisqu'elles ont fait une bêtise?

– Oui, voilà : quand elles arrivent en prison, elles sont toutes un peu angoissées; certaines ont presque des regrets, " c'est quand même con que je sois là, j'aurais pas dû... " Mais c'est les premiers temps, et après, tout d'un coup, est-ce qu'elles prennent conscience ou je ne sais quoi, toutes se retournent contre la société. Je n'en ai pas rencontré une! Bon, celles qui ont des affaires criminelles, elles se croient injustement condamnées, parce que d'abord elles ont été victimes des experts psychiatres qui interprètent n'importe quoi, tu sais ça, c'est le plus dégueulasse...

– Elles trouvent que leur condamnation est injuste?

– Oui, injuste et trop sévère. Mais elles n'osent pas le dire parce que dans les journaux on a tellement raconté de mensonges, alors elles se disent : " Si je dis que c'est injuste, on dira que j'exagère, après ce qu'on a dit dans les journaux! " Même moi, tu sais, je trouve que c'est injuste, terriblement injuste; bien sûr, ça fait rigoler si je dis que je devrais pas être en prison, parce que pour un acte de folie, un instant de folie, tu sais...

— C'est ta condamnation qui t'a révoltée?

— Tu sais, si j'y pense, je suis malade!

— Mais si on ne t'avait mis que cinq ans, tu aurais accepté?

— Tu sais, d'après les journaux, tout ce qu'ils ont marqué, je comprends! Tout ce qu'ils ont inventé, bien sûr il y avait des victimes, c'est facile!

« Moi ce qui m'a révoltée c'est que quelqu'un se permette, quelqu'un qui m'a vu vingt ou trente minutes en tout, qu'il se permette de dire : " Cette femme a tué par orgueil, en pleine conscience! " Ça c'est tellement fort, un vrai enchaînement!

— Mais ça, tout le monde le ressent?

— Non, parce que les filles, on a tellement bien réussi à leur inculquer leur truc de culpabilité, leur complexe, qu'effectivement une femme qui a tué son amant... Une charmante fille métisse, son amant était algérien et la trompait avec une blonde, bon, elle l'a tué, elle disait " Je le savais depuis un an ", et elle en a pris pour cinq ans, elle en avait dix-huit, elle était à la fac et tout ça, bref, on a réussi à lui faire croire qu'elle s'en est bien sortie! Et qu'est-ce qui se passe? Eh bien, elle fait sa peine en entier parce qu'on dit que ce n'était pas assez! Mon Dieu...

— Mais toi, tu as dit que tu avais pris conscience de la prison quand tu es arrivée à la centrale?

— A la centrale, oui. Quand tu arrives là, le premier contact avec la directrice qui vient te dire (parce qu'on m'avait raconté pour le courrier, ce n'était pas encore les nouvelles lois, on n'avait pas le droit de correspondre avec qui on voulait, et moi j'avais commencé ma préparation pour le bac, je voulais correspondre avec les profs qui m'avaient aidée, alors j'avais fait des listes), elle est venue et elle m'a dit : " Vous avez marqué des tas de gens, des professeurs, vous n'avez pas besoin de correspondre avec eux, je dirai : Non! " Maintenant je comprends son truc, sa manière d'être, mais à ce moment-là je me suis dit : " Mais qu'est-ce qu'elle a?

Qu'est-ce que je lui ai fait pour qu'elle me parle comme ça? "
Elle m'a dit : " De toute façon, je sais qu'à Fleury (parce que
j'avais eu un très bon rapport, là-bas on m'aimait bien, et c'est
très mauvais lorsqu'on arrive avec un très bon rapport d'une
prison, les directrices ont leurs petites jalousies entre elles, et
c'est mieux d'arriver avec un mauvais rapport, parce qu'alors
elles se disent " Bon, on verra ça! ", c'est malheureux, hélas,
mais c'est mieux), vous étiez peut-être un peu le centre, mais
ici ce n'est pas pareil... " Elle voulait me faire comprendre
qu'ici, chez elle, dans " sa " prison, c'était autre chose : on
m'a fait subir le pire pour me faire comprendre que la vie,
c'est comme ça! On m'a refusé tout...

— Mais la conscience de la prison, qu'est-ce que c'est pour
toi?

— C'est la connerie! Parce que vraiment, franchement, c'est
la plus grande connerie qu'on a pu faire à mon égard, par
exemple, parce que maintenant ils ont réussi à me détourner
effectivement de la société. Moi qui étais une brave bourgeoise, d'une bonne famille, étroite, honnête, et mon père qui
disait : " Moi je n'ai rien, mais au moins quand je meurs je
peux dire que j'ai été honnête... ", toute ma vie j'aurais été
comme ça, moi aussi... Mais maintenant je vois, je cherche
l'honnêteté dans cette société, et je ne la trouve pas! Je cherche
encore, parce que c'est trop ancré en moi...

— C'est la répression directe qui t'a fait prendre conscience
de ça, ou c'est la stupidité de tout ce qu'on vous fait
faire?

— La connerie! Premièrement c'est cette discipline, cette
méchanceté d'abaisser les gens! Elles n'ont pas réussi avec moi
parce que j'avais trouvé une clé, j'ai trouvé des petits trucs. Je
vois par exemple les fouilles, c'est incroyable! Maintenant je
vois, et c'est ça qui est merveilleux, si tu réfléchis, tu peux
faire la même chose dans le sens inverse, mais c'est pas une
solution non plus! Par exemple, il y a une nouvelle
surveillante qui vient; moi maintenant j'ai tellement peur
d'être abaissée, que je fais le premier pas, je passe à l'attaque,
j'essaye moi-même de l'abaisser avant, alors qu'est-ce que je
fais? Je me déshabille tout de suite et je fais des gestes comme

ça, je lève les jambes, voilà, regardez-moi, et c'est elle qui est
gênée... Tu vois, finalement peut-être cette fille, je ne la
connais pas, peut-être elle est brave..., et voilà où ça me mène!
Et il y a des choses, je pourrais pas les dire! Je pourrais pas les
dire, vraiment à personne, je n'ai confiance en personne! Mais
crois-moi, il se passe des choses en moi, et graves! Bien sûr, je
vais essayer de m'en sortir le mieux possible, mais je
comprends pas mal de trucs... »

Annexes

NOTE SUR LES VISITEURS
DES PRISONS

Bulletin d'information de l'*œuvre de la visite
des détenus dans les prisons* n° 124

I – Personnels bénévoles du ministère de la Justice, les
visiteurs des prisons ont pour mission essentielle
d'aider dans leur tâche les assistants sociaux ou les
assistantes sociales, ainsi que le chef d'établissement
auprès duquel ils sont agréés, pour l'aide morale aux
détenus, leur reclassement social, l'assistance des
détenus nécessiteux et leur famille, l'aide aux détenus
libérés. *(Art. D. 472.)*

II – « Sans créer le lien de subordination, ce principe de
collaboration avec le Service social, et plus généralement l'administration de la prison, fournit aux visiteurs le cadre de leur activité. » (Réglementation
applicable aux visiteurs des prisons.)
Admis après une enquête du ministère de l'Intérieur,
soumis aux règles de sécurité de l'établissement auprès
duquel ils sont agréés, les visiteurs doivent bénéficier
de la confiance du chef d'établissement et du personnel
du Service social avec lequel ils sont appelés à
collaborer.

III – La réglementation applicable aux visiteurs de prisons
stipule : « Le rôle des visiteurs consiste à prendre en
charge un nombre restreint de détenus afin de leur

apporter le réconfort de leur présence et *de leur assistance* et en même temps de faciliter sous toutes ses formes la préparation du reclassement social » *(Art. 472.)*

« Pour que leur action soit efficace, il est souhaitable que les visiteurs donnent à leur visite les caractères de fréquence et de régularité indispensables en envisageant de venir en règle générale au moins deux ou trois fois par mois à la prison. »

Il découle de ce texte que les visiteurs doivent se voir faciliter la visite des détenus qui leur sont confiés, les pertes de temps et les délais d'attente étant réduits au minimum dans la limite des horaires autorisés.

En tant que « substitut familial » doivent leur être permis, en particulier :

de déposer du linge de corps
de l'argent sur le pécule
des revues, des livres de culture générale.

Les visiteurs doivent, dans le cadre de l'assistance, être autorisés à rencontrer les conseils et les magistrats. Ils doivent pouvoir avoir des contacts avec la famille des prévenus comme des condamnés, que ce soit pour une aide ou pour faciliter un rapprochement familial.

IV – Un visiteur doit également être autorisé par le Service social à voir un détenu particulier lorsqu'il en fait la demande, celui-ci ayant en général été indiqué soit par un visiteur, soit par la famille, un magistrat ou un conseil.

Certains visiteurs sont susceptibles d'apporter leur concours bénévole dans le domaine de l'enseignement, notamment comme répétiteurs. Il est souhaitable de faire appel à eux *(Art. 456)* et de faciliter leur tâche par l'autorisation de l'entrée et de la sortie des devoirs corrigés.

Tout cela repose sur la confiance.

Le travail de resocialisation du détenu, auquel participe le visiteur, ne peut se faire dans un climat de défiance.

NOMBRE THÉORIQUE DE PLACES
POUR LES FEMMES
DANS LES ÉTABLISSEMENTS PÉNITENTIAIRES
EN FRANCE

DIRECTION RÉGIONALE DE PARIS :

– maison d'arrêt de Bourges	18
– maison d'arrêt de Fleury-Mérogis	247
– C.S.L. de Corbeil	12
– prison de Fresnes	39
– M.A. d'Orléans	16
– maison de correction de Versailles	30

DIRECTION RÉGIONALE DE RENNES :

– centre pénitentiaire de Rennes	340
– M.A. de Brest	8
– M.A. de Caen	16
– M.A. de Coutances	8
– M.A. de Laval	11
– M.A. de Vannes	9

DIRECTION RÉGIONALE DE LILLE :

– M.A. d'Amiens	20
– M.A. de Beauvais	16
– M.A. de Loos	33
– M.A. de Rouen	22
– M.A. de Saint-Omer	10
– M.A. de Valenciennes	20

DIRECTION RÉGIONALE DE TOULOUSE :

– M.A. d'Albi	7
– M.A. de Cahors	7
– M.A. de Nîmes	19

- M.A. de Perpignan   10
- M.A. de Toulouse   38

DIRECTION RÉGIONALE DE BORDEAUX :

- M.A. d'Agen   15
- M.A. d'Angoulême   8
- M.A. de Bordeaux-Draguignan   33
- M.A. de Limoges   10
- M.A. de Pau   28
- M.A. de Périgueux   6
- M.A. de Poitiers   9
- M.A. de Saintes   8

DIRECTION RÉGIONALE DE MARSEILLE :

- M.A. Marseille-Baumettes   25
- M.A. de Toulon   18
- M.A. de Nice   10
- M.A. d'Ajaccio   6
- M.A. de Bastia   3
- M.A. de Gap   5
- M.A. de Draguignan   6
- M.A. d'Avignon   20

DIRECTION RÉGIONALE DE LYON :

- M.A. de Lyon-Montluc   32
- M.A. de Riom   10
- M.A. du Puy   8
- M.A. de Saint-Étienne   16
- M.A. de Chambéry   5
- M.A. de Bonneville   9
- M.A. de Valence   10

DIRECTION RÉGIONALE DE DIJON :

- M.A. de Chalon-sur-Saône   6
- M.A. de Châlons-sur-Marne   9
- M.A. de Dijon   32

DIRECTION RÉGIONALE DE STRASBOURG :

- M.A. de Bar-le-Duc   6

- M.A. de Metz-Queuleu 32
- M.A. de Mulhouse 15
- M.A. de Nancy 23
- M. correction de Strasbourg 23
- M.A. d'Épinal 10

Il y a donc en France un total de *1 412* places pour les femmes dans les établissements pénitentiaires.

Au 1ᵉʳ janvier 1980, le nombre de femmes incarcérées était de *1 121* soit 665 prévenues, 12 dettières et 444 condamnées.

LE PERSONNEL PÉNITENTIAIRE

(D'après le Rapport général sur l'exercice) :

- Le personnel de direction;
- Le personnel de surveillance;
- Le personnel d'administration et d'intendance;
- Le personnel éducatif et de probation;
- Le personnel technique et de formation professionnelle

A la suite des événements de l'été 1974 (la révolte des prisonniers), le personnel de surveillance des centres pénitentiaires se mit en grève pour demander, lui aussi, une réforme de son statut.

Cette réforme eut son aboutissement en 1977.

LE PERSONNEL DE DIRECTION :

Le recrutement des sous-directeurs se fait par concours : un concours interne, ouvert aux fonctionnaires et agents de l'État appartenant au moins à la catégorie B, et dans la limite du neuvième des postes pourvus par concours, une nomination *au choix* peut être donnée parmi les chefs de maison d'arrêt. Un concours externe, ouvert aux candidats titulaires de l'un des diplômes exigés au concours d'entrée à l'ENA.

Le corps du personnel de direction comprend les grades de sous-directeur, de directeur de 2ᵉ classe, directeur de 1ʳᵉ classe, de directeur hors classe et l'emploi de directeur régional.

Les candidats reçus au concours sont nommés tout d'abord élèves pendant une durée d'un an, puis, si leurs notes sont suffisantes, ils accomplissent un stage d'un an en qualité de sous-directeur stagiaire avant d'être titularisés. La carrière de sous-directeur se développe sur 16 ans, et 7 ans et 6 mois après leur nomination, les sous-directeurs peuvent être inscrits sur le tableau d'avancement au grade de directeur de 2ᵉ classe.

L'emploi de directeur régional « se déploie en hors échelle A ». Cet emploi peut être attribué aux directeurs hors classe et de 1ʳᵉ classe, inscrits sur une liste d'aptitude établie sur avis de la commission administrative paritaire. Il peut être retiré dans l'intérêt du service.

Le nouveau statut particulier du personnel de direction des services extérieurs de l'administration pénitentiaire est fixé par le décret n° 77-905 du 8 août 1977.

« Le personnel de direction, déchargé des tâches de gestion administrative et d'intendance, retrouvera sa vocation première qui est de diriger la détention, de coordonner l'action des différentes catégories de personnel, concourant au fonctionnement des établissements et des services pénitentiaires, d'établir la concertation indispensable avec le juge de l'application des peines et d'entretenir les relations nécessaires avec les autres autorités administratives et judiciaires ainsi qu'avec les entrepreneurs locaux susceptibles de fournir du travail aux détenus. »

LE PERSONNEL DE SURVEILLANCE :

Les surveillants sont recrutés sur concours (niveau C.E.P.). Après leur succès ils reçoivent une formation à l'École nationale d'administration pénitentiaire. Ils sont ensuite affectés dans un établissement pénitentiaire où ils accomplissent un stage d'un an avant d'être titularisés.

Les surveillants ayant atteint le 4ᵉ échelon ou réunissant 7 années de service effectif peuvent se présenter à un examen professionnel en vue de devenir premier surveillant.

Le premier surveillant exerce ses fonctions en détention et il est le gradé dont dépendent directement les surveillants. Il est le premier responsable de la sécurité. Dans les petites maisons d'arrêt, le premier surveillant est le collaborateur direct du chef d'établissement et le supplée éventuellement. L'examen pour être premier surveillant « exige de solides connaissances sur la réglementation pénitentiaire et l'organisation judiciaire ». Il peut devenir à son tour surveillant-chef.

Les surveillants-chefs sont nommés *au choix,* après 9 ans de service en tant que premier surveillant.

Chef de maison d'arrêt est un emploi fonctionnel qui est attribué aux surveillants-chefs chargés de la direction d'un établissement pénitentiaire de moins de 100 places. « L'impulsion nouvelle qu'il est souhaitable de donner à la promotion interne, implique de retenir essentiellement l'aptitude professionnelle à occuper l'emploi de chef de maison d'arrêt et d'exclure les critères de sélection par examen. »

LE PERSONNEL ADMINISTRATIF ET D'INTENDANCE :

Jusqu'en 1977, « dans la plupart des établissements le travail administratif était effectué par du personnel de surveillance nullement formé pour cette tâche ». Pour en finir avec cette « sous-administration et disposer d'un corps administratif efficace, l'administration pénitentiaire a engagé un recrutement au niveau des corps des commis et des secrétaires administratifs ».

LE PERSONNEL ÉDUCATIF ET DE PROBATION :

Le personnel éducatif et de probation accomplit des tâches orientées « vers l'observation, la rééducation des détenus en vue de leur réinsertion sociale, le contrôle et l'assistance des condamnés mis à l'épreuve, des libérés conditionnels et des interdits de séjour assistés ».

La carrière d'éducateur est identique à celle d'un éducateur de l'éducation surveillée.

« Cependant, afin d'accroître l'efficacité des personnels éducatifs, d'améliorer la qualité des fonctions d'animation et d'assistance et de coordonner les actions des éducateurs affectés dans les plus importants services, il est nécessaire de restructurer ce corps et de créer un grade d'encadrement, celui de chef de service éducatif. L'accès en est réservé par voie d'inscription à un tableau d'avancement aux éducateurs ayant atteint le 3e échelon et comptant au moins 3 années de service effectif depuis leur titularisation. »

LE PERSONNEL TECHNIQUE
ET DE FORMATION PROFESSIONNELLE :

Ce personnel assure la formation professionnelle des détenus et participe à l'application du régime et du traitement des condamnés en vue de leur réinsertion sociale. En outre, il dirige les ateliers exploités par la régie industrielle de l'administration pénitentiaire et effectue les travaux indispensables à l'entretien et à l'équipement des bâtiments pénitentiaires.

Les professeurs techniques d'enseignement professionnel et de travaux, dont la carrière et les modalités de recrutement sont semblables à celles des professeurs techniques des collègues d'enseignement technique relevant du ministère de l'Éducation, « sont recrutés pour 60 % des postes par un concours externe ouvert aux candidats ayant un diplôme universitaire de technologie ou équivalent et pour 40 % des postes par concours interne ouvert aux fonctionnaires de l'administration pénitentiaire ayant accompli 5 années d'enseignement ».

Les professeurs ayant au moins 3 ans de service effectif dans le grade peuvent, après inscription au tableau d'avancement, être nommés *au choix* directeur de l'enseignement professionnel et des travaux.

LE TRAVAIL PÉNAL

Tant que l'on est en détention préventive, le travail en prison n'est pas obligatoire.

Mais « les condamnés à des peines privatives de liberté pour des faits qualifiés crimes ou délits de droit commun sont astreints au travail ». (*Art. 720* du Code de procédure pénale.) Des articles précisent et réglementent ce travail : l'hygiène et la sécurité des travailleurs dans les établissements industriels sont applicables dans les établissements pénitentiaires » (*Art. D. 109* du C.P.P.)

« Le travail peut-être effectué dans les établissements pénitentiaires sous le régime de la régie directe ou celui de la concession. » Pour la régie industrielle, directe, c'est l'État qui supporte toutes les charges et qui recueille tous les profits.

« Le fonctionnement de la régie industrielle est un peu particulier au C.P.F. de Rennes. En effet, les besoins de l'administration pénitentiaire en linge de maison et en vêtements pour le personnel ne suffisant pas à occuper les détenues de façon constante, différents marchés sont passés avec diverses administrations et même avec des clients privés.

Sous le contrôle d'une chef d'atelier de l'administration pénitentiaire assisté d'une surveillante, 25 femmes environ confectionnent différentes choses au hasard des besoins et des commandes.

Pour les établissements pénitentiaires sont ainsi découpés et montés ce qu'il est courant d'appeler le linge plat : draps, taies d'oreiller, serviettes, mouchoirs, etc. D'autres détenues préparent et assemblent des blouses et des capes pour le personnel de surveillance féminin.

Les marchés passés par la régie industrielle avec certaines administrations publiques ou avec des entreprises privées portent sur la confection de « champs opératoires » pour les hôpitaux, de « sacs de poudre » pour l'armée, etc.

Toujours dans le cadre de la régie, « différentes autres petites activités occupent quelques détenues : travaux de dactylographie, pliage et mise sous enveloppe de prospectus, couverture de livres cartonnés ou brochés, travaux divers de confection (tricot, crochet, couture) pour le personnel de l'établissement [1]. »

Un autre travail est donné aux détenues : ce que l'on appelle « le service général ». Certaines femmes sont employées au nettoyage de la prison et aux cuisines, comme c'est stipulé dans l'article D. 105 du Code de procédure pénale : « Dans chaque établissement, des détenus sont affectés au service général de la prison en vue de maintenir en état de propreté les locaux de la détention et d'assurer les différents travaux ou corvées nécessaires au fonctionnement des services. »

Mais l'administration pénitentiaire peut mettre à la disposition d'entreprises privées la main-d'œuvre pénale. C'est ce que l'on appelle la « concession ».

Les relations entre l'administration pénitentiaire et les « concessionnaires privés de main-d'œuvre pénale » sont actuellement régies par le cahier des clauses et conditions générales daté du 1er juillet 1962. En vertu de ces clauses, une simple autorisation du directeur régional des services pénitentiaires suffit, sans qu'il soit besoin d'un contrat particulier de concession, dès lors qu'un entrepreneur fait offre d'emploi : pour un effectif égal ou inférieur à 5 détenus, pour une

---

1. R. Cario, *La Réinsertion sociale des délinquantes majeures*, université de Rennes, Faculté des sciences juridiques.

durée égale ou inférieure à 3 mois, quel que soit l'effectif, pour des travaux à titre d'essai. Toute concession de main-d'œuvre pénale supérieure à 3 mois ou pour un effectif supérieur à 5 détenus doit faire l'objet d'un contrat.

En vertu des clauses générales auxquelles chaque contrat est soumis, la concession peut prendre fin à tout moment, sous réserve d'un préavis d'un mois seulement de la part des deux parties. En outre, l'administration se réserve le droit de mettre fin à la concession sans préavis ni indemnité en cas d'inobservation de ses obligations par le concessionnaire, « d'infraction de sa part ou de celle de son personnel à la discipline et au règlement pénitentiaires », etc.

La concession de main-d'œuvre pénale est accordée en considération de la personne du concessionnaire et, lorsqu'il s'agit d'une personne morale, en considération de ses dirigeants.

Par exemple au C.P.F. de Rennes, trois concessionnaires ont procuré du travail aux détenues : la plumasserie, les animaux en peluche et les cravates.

Les plumes arrivent en sacs et elles sont alors déchirées. Ensuite alignées sur un « guide », elles sont piquées entre elles à l'aide d'une machine à coudre spéciale. Ces bandes de plumes serviront à agrémenter robes, manteaux, bonnets... ou tiendront lieu de parure aux dames du music-hall!

Une détenue rétribuée à l'heure assure le contrôle (poids, longueur, etc.) et la comptabilité du travail effectué. C'est le poids de la bande de plume qui sert de base à la rémunération.

Même combat pour les animaux en peluche et les cravates...

Quant à la rémunération, l'article 102. al. 2 du C.P.P. précise que *l'organisation, les méthodes et les rémunérations du travail doivent se rapprocher, autant que possible, de celles des activités professionnelles extérieures afin notamment de préparer les détenus aux conditions normales du travail libre.*

« La plus forte rémunération mensuelle pour le travail de la régie industrielle, en mai 1976 a été de 1 718,70 F et la plus faible de 315,95 F pour le même nombre d'heures de travail. Le travail est rémunéré à la pièce, avec une prime de rendement.

« La détenue ayant obtenu le salaire maximum avait réalisé 3 028 capuchons à 0,52 F pièce (sorte de petite boîte en toile pour l'armée), en 20 jours de travail [1]. »

Pour le service général, en 1976, les femmes étaient rétribuées 6 francs *par jour* pour le ménage et 14 francs par jour comme première cuisinière. Entre ces deux limites, les rémunérations varient en fonction des travaux effectués, par exemple : les serveuses, repasseuses 10 francs par jour, les fichistes de la comptabilité, la bibliothécaire, les jardinières 12 francs par jour.

Quant aux concessionnaires, les tarifs des salaires varient. Pour les exemples cités ici, pour les « plumes », le meilleur salaire mensuel en mai 1976 a été de 905,02 F et la rémunération la plus faible fut de 212 francs. Et cela à temps complet. Pour les « animaux en peluche » : en mai 1976, la rémunération mensuelle la plus forte a été de 543 francs et la plus faible de 296 francs, à temps complet. Quant aux « cravates », elles sont payées à la douzaine. Le meilleur salaire mensuel en mai 1976 fut de 659 francs et le plus bas de 306 francs. A temps complet.

De ces salaires, sont déduits les frais d'entretien de la détenue (30 % du salaire), et 20 % pour la constitution d'un pécule de sortie, l'indemnisation des victimes éventuelles et le paiement des amendes et des frais de justice.

LES REVENDICATIONS
DES PRISONNIÈRES DE FLEURY

Vendredi soir, des détenues de la maison d'arrêt de Fleury-Mérogis ont entamé une série de grèves de la faim symboliques. Selon les responsables de la chancellerie, le mouvement s'est poursuivi depuis; soixante-dix prisonnières sur les 350 que compte l'établissement refusent, dimanche matin, de prendre leur petit déjeuner. Dans un texte [1] qui nous est parvenu samedi, les détenues font la liste de leurs revendications.

La grève de l'espoir se poursuit dans les prisons. Après Fresnes et la Santé, le MAF de Fleury-Mérogis reprend le mouvement entamé par les détenus des autres prisons de la Région parisienne. A la suite des détenus de la Santé qui cessent leur grève de la faim le 2 juillet, nous, détenues de la Maison d'arrêt des femmes reprenons cette grève du 3 au 7 juillet inclus, et invitons les autres prisons à s'y joindre.

Étant donné, d'une part, l'espoir que nous avons mis dans l'arrivée de la gauche au pouvoir et la nomination de Robert Badinter comme Garde des Sceaux et, d'autre part, le sentiment que nous ne serons pas vraiment entendues sans qu'un grand mouvement pacifique ne se développe à l'intérieur des prisons, nous invitons toutes les femmes et tous les hommes incarcérés dans des prisons françaises à se mobiliser autour de l'élaboration d'une plate-forme de revendications portant sur le fond des problèmes posés par l'enfermement.

En ce qui concerne cette plate-forme, nous avons dressé une liste non exhaustive de revendications, à savoir :

– Liberté de conscience – Liberté d'opinion (la liberté de culte est reconnue, mais non la liberté d'opinion politique. Pourquoi?).

– Droit d'association (loi 1901) comprenant toute liberté d'expression. Ex. : possibilité d'édition de journaux, etc.

---

1. *Libération* du 5 juillet 1981.

– *Droit de réunion... Organisation de tables rondes autour des problèmes pratiques avec des représentants de l'administration pénitentiaire de la population carcérale.*

– *Droit à la vie privée. Ex. : suppression de toute censure au niveau du courrier, suppression des fouilles corporelles et des fouilles de cellule.*

– *Droit à la tendresse, à l'amour, à la sexualité. Ex. : parloirs libres, amélioration du régime dans le quartier des nourrices.*

– *Abolition de toute ségrégation sexuelle ou raciale. Ex. : quartier « S » à la MAF.*

– *Droit de défense lors des comparutions devant le prétoire.*

– *Non obligation (en centrale) du travail carcéral... Possibilité de choix d'une activité enrichissante, et droit de grève pour les détenues salariées.*

– *Révision du régime d'application des peines et possibilité de recours en cas de conflit entre le JAP et la détenue dans le cadre de l'application de peines.*

– *Abolition des Q.H.S. et autres quartiers disciplinaires. Ex. : D 11R à la MAF. Mitard.*

– *Abolition de toute humiliation et sévices corporels de la part du personnel pénitentiaire (nous invitons tous les détenus à témoigner des mauvais traitements et manques de soins).*

– *Instauration d'une médecine qui soit autre chose qu'une parodie et seulement destinée à assurer le fonctionnement sans heurt de la politique carcérale. Ex. : il est plus facile d'obtenir un Tranxène 50 que deux aspirines.*

– *Organisation de structures compétentes au niveau de l'enseignement secondaire et supérieur.*

– *Création d'un fonds de solidarité destiné à prendre en charge les détenues privées de tout soutien matériel extérieur.*

En ce qui concerne les moyens à mettre en œuvre pour que nos revendications soient prises en considération, la grève de la faim n'en est qu'une parmi tant d'autres. Pour nous, il est évident que notre action ne s'arrêtera pas le soir du 10 juillet. Il s'agit, maintenant, de définir ensemble la façon dont nous la poursuivrons, au cas où les pouvoirs publics décevraient notre espoir en restant sourds à nos appels.

Mais, quoi qu'il en soit, nous resterons dignes et non violentes.

En conclusion, nous ne demandons rien d'autre que le droit élémentaire, inaliénable et impérieux d'exister.

DES DÉTENUES DE LA MAF DE FLEURY-MÉROGIS

TABLE

Témoignages

Annexes

Cet ouvrage a été réalisé sur
SYSTÈME CAMERON
par Firmin-Didot S.A.
pour le compte des éditions Denoël
le 4 janvier 1982

Imprimé en France
Dépôt légal : 1ᵉʳ trimestre 1982 – Nº d'édition : 1144 – Nº d'impression : 9111